중국 도상과학기술 약사

中国图像科学技术简史

중국
도상과학기술 약사

中国图像科学技术简史

한충야오(韓叢耀) 지음
오성애(吳聖愛) 옮김

역락

『중국 도상과학기술 약사』는 도상학(Iconography)과 역사학(Historiography)의 관점에서 중국의 고대와 근현대 과학자들이 그림이나 사진 등으로 보여준 과학기술에 관한 서술을 정리한 것이다. 이 책은 그림이나 사진 등으로 된 중국의 풍부한 과학 문화유산을 발굴 보존하고, 그림이나 사진 등으로 된 중화민족의 도상 과학문화를 전승하며, 또 이러한 도상을 기초로 과학기술이 생겨난 시대적 배경, 물질적 사회적 조건, 역사 문화의 지역과 장소를 분석하여, 중국 도상학의 이론적 방법과 학술적 체계를 구축할 가능성을 탐구함으로써 중국도상과학기술사를 서술하고 구축할 수 있는 실현 가능한 연구 방향을 설정하고자 한다.

"큰 이치를 알고자 하면 반드시 역사를 먼저 알아야 한다."[01] 나는 많은 장소에서 여러 차례 다음과 같은 내용을 강조한 적 있다. 인류가 역사를 기록하고, 세상의 특징을 표현하고, 문명을 전파하는 방식은 주로 두 가지가 있다. 하나는 어문(개별적인 언어, 보편적인 언어, 문자, 추리 부호 등)을 주요 매개로 하는 선형적, 통시적, 논리적 기술과 전파방식이고, 다른 하나는 도상(도형, 그림, 영상, 구조적 부호 등)을 주요 매개로 하는 평면적, 공시적, 감성적인 묘사와 전파방식이다. 어문 기술과 전파방식은

---

01   欲知大道, 必先为史。

5천여 년 동안 이미 인류의 주요 기록, 특징 표현, 문명 전파의 수단이 되어 충분한 발전과 인류사회의 절대적 존중을 얻었다. 그런데 몇만 년 심지어 몇십만 년의 역사를 가지고, 대량의 문화정보를 담고 있는 도상적 징표와 기술 전파의 형태는 마땅히 중시되어야 함에도 그렇지 못했고, 충분하게 과학적 해석을 끌어내지도 못하여 도상으로 된 전파 기술 형태와 어문 전파 기술 형태의 논리적 인과 관계가 계속 유기적이고 효과적으로 연결되지 못하였고, 나아가 사진과 그림으로 역사의 기술 형태를 표현하는 데 있어 체계적인 정리와 서술이 이루어지지 못했다. 하지만, 중화문화의 독특함은 바로 그것의 글과 그림이 같은 원천이 되고, 그림과 문장이 서로 텍스트를 이루는 '시각적 글쓰기'의 기술 문명의 역사에 있다. 이러한 기술적이고 시각화하고, 도상화한 역사적 전승과 문명의 형태는 유럽이나 미국 등 서구의 표음문화 체계와는 전혀 다르다. 그것은 언어의 시각적 인지 패턴과 논리를 뛰어넘어 중화문화의 독특한 문명 형태를 구축하였고 지금까지 끊이지 않고 이어지고 있다.

도상은 인류의 인지 수단이고 정보를 전파하는 텍스트이며, 사회기록의 지도이고 확실한 시각적 역사 사실이다. 맨눈(裸視)으로 보다가 어딘가에 비추어 보고(鏡像), 어딘가에 비추어 보다가 자연을 바라보고(景觀), 자연을 바라보다가 비현실적인 것을 보고(幻像), 비현실적인 것을 보다가 인터넷으로 바라보는(网景)……이러한 도상에는 인류의 초조하고 불안한 하나하나의 모습이 겹겹으로 드러난다. 도상 과학기술의 발전 역사는 그 자체가 곧 인류의 거대한 문명의 발전사이며, 도상 과학기술은 곧 국가 문화 이미지의 가장 직접적이고 가장 구체적이며 가장 믿을 만한 구현 형식이다.

세계 경제가 글로벌화하고, 문화가 다원화하며, 중국의 경제 사회 발전이 새로운 시대에 진입한 역사적 배경 속에서 "어떤 시각으로 문화를 인식하고 어떤 태도로 문화를 마주하며 어떤 사고로 문화의 번영과 발전을 추진하는가 하는 것은 중국의 문화를 만들어 내는 데 있어 반드시 해결해야 할 중대한 과제다."[02] 도상으로 된 중국과학기술사를 연구하는 것은 이론과 실제적 측면에서 그 의의는 자못 중대하고, 심지어 '비상사태'라고 생각하며 연구해야 한다.

세계적으로 인문과학과 공공문화 영역은 지금 '연구 방향을 도상으로 전환(图像转向)'하는 분위기가 생기고 있고, 도상 및 도상 과학은 곧 이번 '방향 전환' 과정에서 국제학술계에 나타난 새로운 하나의 학제 간 연구 분야이다. 도상 문명에 대한 깊이 있는 연구의 전제로, 도상으로 구성한 과학 및 도상 데이터의 수집, 정리와 분류 및 색인 작업은 우선 전문가들의 지대한 관심을 불러일으켰다.

네덜란드 학자는 도상으로 된 서양 과학문화를 바탕으로 60여 년이란 시간을 거쳐 ICONCLASS 도상 분류 과학체계를 제시하였는데, 이 체계는 고대 그리스 로마역사와 기독교 문화에 근거를 두고 있어 편중된 체계를 만들었다. 이 체계는 서양의 현존하는 예술에 관한 사진이나 그림 등을 종교(주술), 자연, 인물(인류, 인간 일반), 사회(문명, 문화), 역사, 성경(성서), 문학, 추상적 관념(추상적 이념), 고대 그리스 로마신화와

---

02   윈산(云杉), 「문화자각, 문화자신, 문화자강-중국특색의 사회주의문화 번영에 관한 생각, 구시이론 사이트-『홍기문고』, 2010년 제15기.

역사, 비재현성(非再現性) 도상 등 10가지로 분류하였다. 최근 20년 동안 네덜란드는 이 시스템을 DB화하였고 세계로 널리 홍보하였으며, 현재 주로 네덜란드와 독일의 일부 기관에서 이 시스템을 사용하고 있다. 일본 학자는 1980년대부터 40여 년 동안 해외에서 유실된 중국 고대 회화 정보를 수집하여 『중국회화총합도록(中国绘画总合图录)』[03]정편(正編)과 속편(续编)을 편집 출판하였는데, 이 책은 자료 수집에 중점을 두고 있다. 그들은 『선화화보(宣和画谱)』[04]의 분류체계를 기초로 도석(道释), 인물, 궁실, 번족(番族), 용어(龙鱼), 산수, 짐승, 화조(花鳥), 잡화, 서적 등 10부분으로 나누었으며, 중국의 소장 기관과 개인이 소장하고 있는 것을 제외하고 세계 각지로 유실된 18세기 초기 이전까지 중국 역대 명가들의 서화 작품을 수록하였다. 2004년 도쿄대학교가 전문 검색 사이트를 구축하여 독자들은 예술가의 이름이나 작품명 등 키워드 입력을 통해 도록이 포함하고 있는 작품에 관해 검색할 수 있는데 작품의 기본 정보만 공개하고, 그림 자료와 구체적인 텍스트 자료는 제공하지 않는다.

중국 국내에서는 기초적인 성격을 띠는 도록을 출판하였다. 상대적으로 권위 있는 작품집은 중국 대륙에서 출판한 『중국고대서화도목(中

---

03 『中国绘画总合图录』은 스즈키 게이(鈴木敬 すずき けい, 1920~2007)가 편집한 도록으로 도쿄대 출판사에서 출판하였다.

04 『宣和画谱』는 북송 선화(1119~1125)년간에 북송이 공식적으로 편찬한 저서로, 당시 궁정에서 소장하고 있는 작품을 담고 있는 책이다.

國古代書畫圖目)』[05], 『중국미술전집(中國美术全集)』[06], 『송화전집(宋畵全集)』[07], 『원화전집(元畵全集)』[08], 『중화도상문화사(中华图像文化史)』[09] 등이 있고, 대만에서 출판한『고궁서화대계(故宮書畫大系)』와『고궁서화도록(故宮書畫圖錄)』등이 있다.

여기에서 알 수 있듯이 지금까지 전체적으로 그림이나 사진 등으로 된 중국의 과학문화를 통합해서 모아놓은 자료는 여전히 부족하고, 게다가 전체적이고 권위 있는 도상 DB를 아직 구축하지 못한 상태이다. 도상으로 된 중국과학기술사에 관한 저술, 중화 도상 분류에 관한 과학적 체계의 구축, 그리고 도상으로 된 중국 과학 DB의 구축도 또한 여전히 공백으로 남아 있다.

특히 주의할 점은 네덜란드나 독일 등 유럽 나라들은 2006년에 이미 공동으로 ICONCLASS 도상 체계에서 중국도상체계목록을 설정하여 중국 역대 각종 유형의 그림이나 사진으로 된자료와 과학자료를 정리하고 수록하는 데에 전념하고 있다. 또, 일본은 40년 전부터 중국의

---

05 『中國古代書畫圖目』중국고대서화감정조(中国古代书画鉴定组, 1983년 수립)에서 만든 중국 서화 모음집으로 1997년 1월 문물출판사(文物出版社)에서 출판하였다.

06 『中国美术全集』은 진웨이누어(金维诺)와 싱전링(刑振龄)이 만든 저서로, 이 책은 중화 5천여 년의 예술적 진귀한 작품을 모아놓은 것이며, 2010년 12월 황산서사(黃山书社)에서 출판하였다.

07 『宋画全集』은 공구서의 성격을 띤 대형 송대 그림 자료집이며, 송대 그림의 전체적 모습을 반영한 것으로 송대 그림에 관한 문헌 자료로서의 연구적 가치가 뛰어나다. 이 책은 2008년 절강대학과 절강성문물국이 공동으로 출판하였다.

08 『元畵全集』는 절강대학 중국고대서화연중심에서 발간한 책으로, 전세계의 원대 그림을 모두 모아놓았다. 2013년 절강대학 출판사(浙江大学出版社)에서 출판하였다.

09 『中华图像文化史』는 한충야오(韩丛耀)가 저술한 책으로 중국의 발전 과정에서 수집 정리한 각종 도상을 모아놓고 이를 연구하였고 2016년에 섭영출판사(摄影出版社)에서 출판하였다.

고대에서 현재에 이르는 각종 유형의 도상 및 도상 관련 자료를 수집하는 것을 목적으로 분류 정리하고 있는데 그 목록은 심지어 직접적으로 송나라의 『선화화보』의 분류체계에 편입함으로써 중국인이 자각적으로 DB에 접속하고 사용하는 습관에 최적화하였다. 여기에서 알 수 있듯이 컴퓨터 기술의 신속한 발전과 각국의 과학과 문화 경쟁이 뜨거워지면서 얼마 지나지 않아 '중화도상(中華圖像)'은 다시 "돈황은 중국에 있지만 돈황학은 국외에 있다"라는 역사적 비극을 재연할 것이다.

더욱 걱정스러운 것은, 시간이 좀 흐른 후에, 해외에서 중국 도상과학문화 연구에 관한 DB를 2000년의 중국 도상 자료에 수록하고, 그때 가서 그들은 권위를 세우고 자료를 만드는 방식의 전속 권한을 주장하는 기술적인 조치를 취할 것이 뻔하다. 사진이나 그림으로 된 중국 과학기술 체계는 바야흐로 타인에게 도용당하고 있고, 중국 도상과학문화의 소중한 역사 자원은 지금 유실되고 있다. 중화문화의 시각적 과학 사유 도식(圖式)은 바야흐로 아무렇게나 코딩되고 있고, 중화민족의 정신적 필드도 바야흐로 임의로 먹칠을 당하고 있다. 만약 한 민족이 문화를 잃게 된다면, 민족의 정신도 떠돌 수밖에 없다. 그러므로 그림이나 사진으로 된 중화 과학기술의 사상체계에 관한 연구는 더 이상 지체할 수 없는 문제이다. 중국도상과학기술사에 관한 연구는 지금 당장 해야 할 일이다.

지금 세계의 일부 사람들은 촬영 기술의 발명에서 사진의 보급까지, 촬영기기의 사용에서 현대 사회에서 텔레비전이 맹주적 지위까지, 현재 그림이나 사진의 모든 기술과 이념의 전파는 어느 하나 서구의 사상문화와 기술의 낙인이 찍히지 않은 것이 없다고 생각한다. 그래서 심지어 많은 사람은 도상 기술과 전파는 서양에서 기원한 박래품(수입품)이라고 여긴다. 그러나 도상으로 된 과학기술 체계를 고려할 때 역사적으로 중국의 도상으로 된 전파 기술의 이용과 과학사상의 구축은 세계 여느 나라보다 훨씬 앞서 있고, 심지어 중국이 세계에서 도상으로 된 전파 기술을 가장 일찍 이용한 나라라고 인정받는다는 것을 알 수 있다. 루쉰 선생은 이 견해를 주장하면서 "도상을 목판에 새기고 그것을 흰 종이에 인쇄하는 방법은 오래전부터 이용하였고 점차 멀리 퍼져 나갔는데 이런 방법은 중국에서 시작되었다"라고 말하였다. 서강(徐康) 선생은 『전진몽영록(前塵夢影錄)』에서 고대 중국에서 그림과 글을 나란히 내세웠던 시대를 말한 적이 있다. "고대 사람들은 그림과 글을 나란히 내세웠다고 나는 주장한다. 무릇 글이 있으면 반드시 그림이 있다. 『한서·예문지·논어가(漢書·藝文志·論語家)』에 『공자도인도법(孔子徒人圖法)』 2권이 있는데 모두 공자 제자들의 모습을 나타낸 그림이다. 무량사(武梁祠)에는 제자 72인의 석각이 있는데 대체로 모두 그 방법을 이어받았다. 그리고 『병서략(兵書略)』에 기록된 여러 병법에는 모두 그림이 있다. ……진(晉)나라의 도잠(陶潛)은 『산해도』를 훑어보네'라는 시구를 남기고 있는데, 이처럼 고서는 그림이 없는 것이 없다." 많은 역사 문헌 자료에서 중국은 비교적 일찍 도상으로 기술의 전파가 성행한 나라이며, 중국 고대 과학자들의 도상으로 과학기술 표현과 전파에 관한 논술은 빈틈 없으면서도 체계적이기까지 하다는 것을 보여준다. 중국 고대는 도상으로 기술을 전파하는 것을 중요시하였는데 문자로 기술을 전파하는 것에 비해 더 앞서 나갔으면 나갔지 절대 뒤떨어지지 않았다.

과학문화 현상은 한 나라에 있어 전체적 개혁으로, 역사적 축적, 범문화적 교류, 경제 현실 등 여러 가지 요소가 복합적으로 작용한 결과이다. 물질 기술의 발전 수준에 기대어 발전하는 도상으로 된 과학기술은 더욱 이러하다. 인류 문명의 기나긴 역사 발전 과정에서 한때 휘황찬란하던 고대 세계의 문명국가들은 다수가 지속해서 발전하지 못하고, 어떤 문명은 끊어지고 어떤 문명은 문화중심의 전이로 기타 지역으로 옮겨갔다. 유독 중화 문명만이 끈끈이 이어오면서 끊임없이 낡은 것을 버리고 새로운 것을 수용하면서 생명의 빛을 발하고 있고 지금까지도 젊음의 색채를 발하고 있다.

"중국은 세계 강국이 될 수 없다. 왜냐하면 세계에 영향을 줄 충분한 사상체계가 없기 때문이다." 마거릿 대처[10]의 이 견해는 현대 많은 서양인들의 관점을 잘 보여주고 있다. 서양 선진국의 정치가들의 눈에 중국이 결코 세계강국으로 보일 리가 없다. 그러나 중국의 역사, 7천 년 동안 끊임없이 이어져 내려온 문명사를 제대로 바라본다면, 세계에 영향을 미친 사상체계가 없다고 어느 누가 말할 수 있는가? 공자부터 손중산(孙中山)에 이르는 2천여 년간만을 얘기하더라도 중화문화의 사상은 넓고 심오하다. 이를테면 2006년 남경대학교의 중국사상가연구센터에서는 30년이란 시간을 들여 '공자에서 손중산까지'라는 200부의 『중국사상가평전총서(中国思想家评传丛书)』를 편찬하였는데 총서에 포함된 사상가들만 약 300명에 달한다. 이런 사상가들은 2천여 년 동안 중

---

10 마거릿 힐더 대처(Margaret Hilda Thatcher, Baroness Thatcher, LG, OM, 1925~2013)는 1979
    년부터 1990년까지 영국의 총리를 지낸 정치가이자 영국 최초의 여성 보수당 당수
    이다.

국에 영향 주고 인류의 사상가들에게 큰 영향을 주었다. 이처럼 방대한 사상체계는 중국 뿐만 아니라 세계에서도 몇천 년 동안 그 영향을 끼쳤다. 필자는 전국에서 도상 및 도상학을 연구하는 학자와 전문가 200여 명을 동원하여 『중화도상문화사』 100권(지금 40권 출판)을 편찬하였다. 백만 년 전의 원시사회 도상 징표로부터 시작하여 전반적으로 도상으로 된 중화 과학문화의 변화 방향을 정리하고 세계에 홍보하고자 하였다. 인류 문넝에 대한 상식과 역사적 안목을 조금이라도 갖춘 사람이라면 중화 과학문화의 사상적 체계가 앞으로 세계에 영향을 줄 것이며 미래의 세계는 반드시 중화 과학문화와 중국식 모델에 의해 구축된 사회 이념, 생활 이상, 일련의 가치관으로 형성된 세계가 될 것이라는 점을 인정할 것이다. 이러한 문명의 조화가 이루어진 과학문화 이념은 인류가 300년이란 산업 문명 시대를 거친 후 새롭게 재인식하게 되는 것이다. 세계 어떤 사상체계가 이렇듯 거대하고 역사적이고 문화적인 검증의 무게를 이겨낼 수 있을까, 세상 그 어느 문화가 이렇게 위대하고 찬란한 형식을 갖출 수 있을까. 상상조차 할 수 없는 일이라고 본다.

중화문화는 인류 문명의 소중한 보물이며 세계문명사의 왕관이다. 중화문화의 왕관에는 몇 개의 유난히 빛나는 구슬이 박혀 있다. 그것은 즉 한나라의 부(賦), 당나라의 시(詩), 송나라의 사(詞), 원나라의 곡(曲), 명청 시기의 소설 및 '중화도상'이다. 한나라의 부는 운율이 조화를 이루고 정취가 있으며, 화려하고 아름다우며, 기상이 웅장하고 도량이 넓으며, 옛것을 흠모하고 계승하여 '낙양(洛陽)의 종이로 귀하'게 만들었다. 당나라 시와 송나라 사는 취향이 다채로운데 고아한 것과 세속적인 것의 아름다움을 두루 갖추어 사람들이 회자하였다. 시 문학과 사 문학은 중국인의 문화 소양 형성에 있어 시나브로 사람을 감화시키는 역할을 하였다. 그리하여 '당시(唐詩) 삼백 수를 익숙히 알면 시를 짓지는 못하여도 읊을 수는 있다'라는 말이 있었다. 원나라 시기의 곡은 운율이 다채로워 맑고 유려하면서도 완곡하고, 통쾌하고 시원스럽다. 이러한 곡은 관아의 관료들로부터 일반 백성들 사이에 모두 전해졌다. 명청 시기의 소설은 플롯이 굴곡적이고 구성이 치밀하며 서사 언어가 세련되게 정제되어 사람들의 입에서 입으로 전해 내려오면서 서로 다투어 베끼었다. 그리고 소설 작품에 관해 품평하는 것을 호사로 여겼다. 중화 도상은 크게는 '우주의 광대함'에 이르고 작게는 '수렵, 노부(鹵簿)[11], 잔치 따위'의 일상의 사소함에 이르기까지[12]. 사람들에게 '방대한 우주에서 보잘 것 없는 벌레에 이르는' '절실함이 있는'[13] 세상을 알게 해 주었다.

여기서 말하는 '중화도상'은 중화 문명의 발전사 기록이나 대중화(大中華) 지역에 남아 있는 중화문화의 풍속 습관과 정신이 담겨 있는 시각적 도상을 가리킨다. 중화 도상의 과학 사상은 중국의 고대 도상 과학자들이 도상을 창조하고 생산하며, 실험하고 활용하면서 만들어 낸 도상 기술, 도상 전파, 도상 문화에 관한 과학적 논술과 평론을 가리킨다. 중국도상과학기술사는 문자를 정보 저장 장치로 하여 중국 역사와 중국 과학사상사를 더욱 풍부하게 만들고 보충한 것이며, 중화문화의 다양성

---

11   군주가 행렬할 때의 의장, 혹은 의장제도를 가리킨다.

12   『루신전집』 제20권, 453쪽, 349쪽 참조.

13   진평원 편, 『점석재화보선(点石齋畫報選)』, 귀양: 귀주교육출판사, 2000, 69쪽에서 재인용.

을 확립하고 중국문화 사상의 질박함을 증명하는 유력한 증거이다.

문자 중심으로 서사된 문명은 도형 문자 이후 문자가 도상을 누르고 패권적 지위에 놓이게 되었음을 말해 준다. 그러면서 문자는 이 사회를 주재하고 통제하였다. 그래서 문자를 장악한 사람은 "문자는 시각 도상을 능가"[14]한다는 식민적 심리를 갖게 되었다. 물론 서구 철학가 소크라테스의 '눈'은 이것과 관련된 '시각'이나 '관점'에 대한 투철한 인식에서부터 동양의 성인 묵자의 광학8조[15]의 선명한 논리에 이르기까지, 르네상스의 시각의 상호성이라는 과학적 계몽에서부터 필승(畢昇)[16]의 활자인쇄의 보편적 사용에 이르기까지 우리는 이러한 식민적 심리가 가지고 있는 편협에 대한 멸시와 투쟁을 볼 수 있다.

특히 중국의 도상 기술, 도상 과학 및 도상 문화는 언제나 중국인의 일상생활, 생산 노동과 정신 창조에 그 뿌리가 있다. 비록 어떤 경우엔 강력한 힘을 발휘하고 어떤 때는 그 힘이 미력하기도 하였지만 지금까지 그 명맥이 끊어진 적은 없었다. 그 사상체계는 점차 완벽해지면서

---

14 W.J.T. 미셸, 진영국, 호문정 역, 『도상이론』, 북경: 북경대학출판사, 2006, 78쪽 참조. 미셸은 시각을 공제하는 것과 언어 경험의 관계에 순응하는 습관을 논의하면서 '단어를 시각의 위에 올려놓고 언어를 경관 위에 두고 대화를 시각 경관 위에 두었다'고 논한다.

15 묵자는 『묵경』에서 사람들이 일찍부터 인식하고 있는 광선의 전파원리에서 출발하여 처음으로 그림자와 빛, 그림자와 사물 간의 상호 묶인 관계를 제기하였다. 『묵경』은 또 평면거울이 도상을 형성하는 원리를 소개하고 오목렌즈, 볼록렌즈가 도상을 형성하는 법칙을 서술하였다. 묵가는 매우 체계적으로 기하 광학 방면의 지식을 연구하고 전수하면서 치밀한 견해와 결론을 얻어내었을 뿐만 아니라 연구와 전수 과정에 이미 관찰하고 분석하고 과학적 실험을 하는 방법을 응용하였다. 광학에 관한 8가지 이론은 세계에서 가장 일찍한 광학에 관한 과학적 논술이다.

16 필승(?~1051년)은 중국 북송 시대 발명가로 활자인쇄술을 발명한 사람이다.

결국 세계 과학기술 발전에 영향을 주어 인류의 인지 사상체계 확립을 이루었다. 이를테면 중국 고대 과학자들이 이루어 놓은 도상 과학사상 체계의 구축에 있어 지금까지 세계의 어떤 나라나 지역의 과학자들도 이처럼 연속적이고 또 지극히 과학적인 사상을 만들지 못하였다. 또 예를 들면 전국시대 묵자의 『묵경』에서 제시한 광학 도상 형성에 관한 논술은 마치 '이론 도상학'처럼 오늘의 광학 및 디지털 도상 형성의 이론적 기초를 마련하였으며 서한 때 회남왕 유안(劉安)의 『회남만필술(淮南萬畢術)』에서 얼음으로 만든 볼록렌즈의 도상에 관한 서술은 마치 '실험 도상학'처럼 도상이 만들어지는 장(field)의 기술적 형태와 실험 과정을 완벽하게 보여주었다. 송나라 과학자 심괄(沈括)의 『몽계필담(夢溪筆談)』은 '사회 도상학'처럼 도상이나 도상을 만들어 내는 것을 더욱 큰 사회 범위 내에서 이해하고 해석하였으며, 정초(鄭樵)의 『도보략·색상(圖譜略·索象)』은 '응용도상학'처럼 논술이 명확하고 이론 설명이 치밀하여 실제 응용에서 가한 해석이 사람이 문득 머리를 깨치어 지혜를 얻게 하는 효과를 가져 준다. 그리고 청나라의 정복광(鄭復光)이 지은 『경경령치(鏡鏡詅痴)』는 실천적 가치가 매우 커서 오늘날의 '기술도상학'처럼 공정기술학의 모범이 되는 저작이다. 이처럼 도상 과학기술 사상의 뿌리가 깊은 나라는 이 세상에 어디에도 없다.

몇천 년의 유구한 역사를 가진 중국은 중국 특유의 중화 도상 과학 기술 사상체계를 만들었다. 그러나 "하나의 민족이 얼마나 광대하고 깊은 문화를 갖고 있느냐는 그 문화가 지금 얼마나 남아 있고 사람들이 자신의 문화에 대해 얼마나 알고 있는지"[17]가 관건이다. 지금 한나라의

---

17   핑지차이(馮驥才), 「중국문화는 바야흐로 저속화하는 중이다」, 2017년 12월 7일,

부(賦), 당나라의 시, 송나라의 사에 관한 연구 성과가 많고 원나라의 곡(曲), 명청 시기의 소설에 관한 연구 성과도 매우 많다. 그러나 '중화도상'이란 이 주옥같은 성과는 아직도 속세의 때를 닦아내지 않아 고유의 빛을 드러내지 못하고 있다. 비록 중화민족은 유구한 도상 과학사상 체계를 가지고 있고 넓고도 깊은 도상 기술의 징표 문화를 가지고 있지만, 오늘날 세계에 드러낼 수 있고 자신에게 보여줄 수 있는 것은 많지 않다. 세계가 알고 자체적으로 아는 것도 많지 않다. 특히 중국 도상 과학기술 사상의 역사적 연구는 더욱 냉대받는 실정이다. 그러므로 우리는 마땅히 문화면에서 자각성을 가져야 한다. 이에 대해 각성하며 사명감과 책임감을 느껴야 한다. 또 책임 의식을 가지고 중국문화 도상에 대한 이상을 가지고 과감히 실천하는 용기를 내어야 할 것이다.

도상 과학기술사 연구는 문자를 주로 하는 문화사 연구와 다른 독특함이 있다. 문자 기록의 역사처럼 서술과 기록만을 통해 보존되는 것이 아니다. 그것을 '프로토타입'대로 드러내고 원 '그림'으로 분석할 필요가 있다. 중국 도상 과학기술사는 중국 역대 과학자들의 도상 사상체계에 대해 깊이 있는 기술적 분석을 할 필요가 있다. 그들이 제기한 도상 실험 기술에 대해 검증적 실험과 종합적 분석을 해야 하며, 도상 물질이 생산되는 장에 관한 기술성과 도상 형식 자체가 가지고 있는 장의 구조성과 도상 효과 전파의 장에 관해 사회적으로 굳어진 인식을 시각적 면에서 집중적으로 해석해야 한다.

중화민족의 이렇듯 소중한 과학기술 '문화유산'을 아끼고 정리하는 작업은 후대의 젊은 세대가 이전 세대 사람들의 훌륭하고 위대한 사상

---

http://www.sohu.com/a/208982125_334468.

적 높이를 바라보게 만들 수 있고, 중화 과학문화의 응집력과 영향력을 높일 수 있다. 이 작업은 중화 문명사를 완전하고 상세하게 편찬하는 데 있어 완벽한 체계와 풍부한 자료의 역할을 할 뿐만 아니라 중국 과학사, 사상사, 문화사의 연구에도 직접적인 보충 역할과 실증적인 작용을 하게 된다. 중화 도상 과학사상은 중화민족 사상사의 중요한 구성 부분이며 중화 문명사에 없어서는 안 될 중요한 내용이다. 중화 도상 과학기술사와 역대 과학자들의 도상 과학사상을 연구하는 작업은 중화 문화의 응집력과 영향력을 넓히고, 중국문화의 소프트 파워를 높이며, 중국의 문화적 안보를 지키는 데 확실하게 공헌하며, 나아가 문화의 새로운 역량을 통해 경제사회의 발전에 지속적인 에너지를 제공할 것이다. 그리하여 새로운 시대에 진입한 중국이 민족을 부흥시키는 데에 문화적 역량을 제공하고 인류 문명사에 새로운 내용을 주입할 것이다.

다행스러운 것은 최근 몇 년 동안 도상 과학기술을 광범위하게 응용하면서 도상 과학문화 연구에 새로운 양상이 나타나고 있다는 점이다. 시각문화에 관한 연구가 빠르게 늘어나고 그림과 글에 대한 상호 해석과 함께 새로운 서사적 흥미가 점차 생겨나고 있다. 이미 많은 학자가 연구의 관심이 '중화 도상'과 중국 고대 도상 과학자들이라는 주제에 꽂혀있다. 사실 중국 도상과학의 발전사를 연구하는 것은 역사적인 인물을 시각적으로 보여주는 중국인 인물 도표의 퍼즐 맞추는 것과 별반 차이가 없다. 그리하여 중국의 몇천 년 동안의 사회생활 양상을 구축하고 중국 역대의 도상 과학자들의 사상을 펼치는 것이다. 그러므로 이러한 작업은 사상사, 문화사, 인류학 등의 측면에서 뛰어난 학술 가치를 갖는다. 생각과 담략이 있는 지식인들은 당연히 중국 도상 과학기술에 관한 서술에 대하여 가능한 한 빠르고 치밀하고 보편적인 조사를 진행하여 '최초의 등기부'를 만들고, 많은 정보와 자료를 수집하여 과학의 '문화유산'에 대해 '응급 구호'적 보호와 연구를 해야 할 것이다. 또한 중국 역대 과학자들의 발명이나 창조와 도상 과학기술 사상을 하루라도 빨리 연구함으로써 이 진주가 다른 진주와 함께 중화문화라는 이 왕관에서 밝게 빛나게 해야 한다.

소책자 『중국 도상과학기술 약사』와 『도상 및 도상학』 부록은 필자가 다년간 중국 도상 과학기술사에 관한 연구 결과와 연구 자료를 수집한 후 작성한 기술 방법에 관한 '간략도'이다. 물론 이런 아직 성숙하지 못한 생각들은 이미 공개 발표된 적이 있지만, 지금에 이르러 그것들을 수집하고 재정리하여 단행본으로 출간하게 되었다. "선구자가 되기는 어렵지만 후발자에게는 덕이 된다." 이 보잘것없는 책이 후속 연구자들에게 조그마한 도움이라도 되었으면 하는 간절한 마음이다.

한충야오(韓叢耀)

2017년 12월 12일

중국 도상과학기술 약사

도상은 하나의 문화적 징표이면서 하나의 과학기술 산물이기도 하다. 도상 및 도상 문화의 발전은 도상 과학기술의 발전에 따라 발전한다. 도상 과학기술의 발전은 사람들이 세계를 관찰하고 세계를 인식하고 세계를 표현하는 능력을 결정한다. 도상 과학기술의 발전이 없다면 도상 매개 형식을 이용할 수도 없고, 사회 영역에서 도상의 여러 징표와 의미 전달은 더더욱 생겨날 수 없다.

도상에 관한 과학연구와 사회 실천 과정에서 고금중외 과학자들은 수많은 심혈을 기울였다. 특히 여러 나라 여러 민족은 자신의 근면하고 지혜로운 실천을 통하여 도상 과학기술의 빛나는 업적을 이루었다.

인류 사회가 도상 과학기술을 탐색하는 과정을 살펴보면, 중국 과학자들이 도상 이론에 관한 탐구를 가장 일찍 진행하였고 도상 과학의 이론 탐구와 기술 실천에서 주목할 만한 성과를 거두었다. 그리고 서구의 과학자들은 도상에 관한 철학적 사유와 도상 현대이론의 구축 면에서 풍성한 열매를 맺었다. 이러한 것들은 모두 인류가 도상 이론에 관한 탐구와 도상 기술 실천 면에서 거두어들인 소중한 결실이다.

이 글에서는 실용 도상학과 이론 도상학의 관점에서 중국 도상 과학기술의 중대한 사건과 중국 과학자들이 도상 과학기술의 탐구와 실천 과정에서 이룬 업적들을 훑어보면서 중국 도상 과학기술의 발전 과정과 관련 연구 성과를 간략히 소개하고자 한다.

1. 도상 과학기술의 맹아기

　　상고 시기부터 서주(西周,상고~기원전 771년)에 이르러 복희(伏羲)가 팔괘(八卦)를 그리고 창힐(倉頡)은 한자를 창제하였는데 괘는 수를 분명히 하고 글자는 모양을 본떠서 만들었다. 그리하여 비로소 문명이 시작되었다. 중국의 도상 과학기술도 바로 이 시기에 차츰 싹을 틔우기 시작하였다.

　　이 시기 중국은 원시사회와 노예사회 발전 단계를 거치었다. 기나긴 구석기시대를 거쳐 마침내 신석기 시대에 들어섰다. 황하 유역과 장강 유역을 중심으로 중화민족의 선민(先民)들은 찬란한 물질문화와 정신문화를 창조하였다. 상고 시기부터 하상주(夏商周)에 이르는 이 시기는 중국 전통문화의 정초기와 형성기로 중국 전통문화의 인정덕치(仁政德治) 사상, 민본사상과 천인합일(天人合一) 사상 및 예의 제도 등은 모두 이 시기에 시작되었다. 하나라 시기 '가천하(家天下)'의 국가 정권의 건립은 국가 통치제도의 기초를 닦아놓았다. 서주(西周) 시기는 중화 고대문화가 최고로 발전한 시기로, 서주 사람들은 참신한 제도와 문화를 만들어 신본(身本) 문화가 인본 문화로 변화하는 속도에 박차를 가하여, 서주의 물질문명과 정신문명은 중국 후대의 역사 발전에 심원한 영향을 미치게 되었다.

상고 시기 빛 현상에 대한 관찰과 사고는 문자로 기록되지 않았지만, 고고학계에서 발굴해 낸 이 시기의 건축, 도기, 석기, 골기, 옥기 등의 유물은 당시 사람들이 이미 빛에 관해 인식하고 있었음을 반영하고 있다. 예를 들면 광원(光源), 시각, 그림자 형성, 반사 등이다. 비록 이러한 지식은 매우 순수한 감정을 나타내고 있으며 지극히 단편적이고 얇지만, 훗날 광학지식의 맹아가 되고 영상이론 연구의 기초가 되었다. 태양은 이 시기 사람들이 가상 수복하는 객관적 사물로 원시 도기의 주된 회화 내용의 하나였다. 이것은 중국 선민들이 빛에 관한 가장 최초의 표현이다. [그림1]은 하남성(河南省) 정주(鄭州) 대하촌(大河村) 양소(仰韶)문화 유적지에서 출토된 태양을 새긴 채색 도기 조각이다.

[그림1] 태양 무늬를 그린 채색 도기

하나라 상나라 시기(약 기원전 22세기~기원전 11세기)에는 청동기가 점치 석기를 대체하였다. 일부 고대 문헌 기록에 나오는 '주정상물(鑄鼎象物)'[01]설이 그것이다. 하나라 우(禹) 임금이 일찍이 구주(九州)의 청동을

---

01 『좌전·의공삼년左傳·宣公三年』 "옛날 하나라가 덕이 있을 때 멀리 있는 사물을 도상으로 그리고 구주의 관리들에게 동기를 헌납하게 하고 구정을 주조하고 거기에 도상을 새겼다. 모든 물상이 모두 그 위에 그려 넣어 백성들이 신과 괴물을 알게 하였다. 昔夏之方有德也, 远方图物, 贡金九牧, 铸鼎象物, 百物而为之备, 使民知神奸."

모아 구정(九鼎)을 주조하고 형산(荊山) 밑에 두었는데 이것은 구주를 상징하였다. 그리고 구정에 각종 잡귀나 도깨비 모양을 새겨 넣어 사람들이 그것에 피해받지 않도록 일깨워 주었다.[02] 하나라 우임금이 구정을 주조한 전설이 생겨나면서 정(鼎)은 일반적인 취사도구로부터 대대로 전해 내려오는 중요한 기구가 되었다. 하나라를 거쳐 주나라에 이르기까지 모두 수도를 정하거나 왕조를 건립하는 것을 '정정(定鼎)'이라고 부르게 된 것도 바로 이런 까닭이다. 나라가 멸망하면 정천(鼎遷)이라고 하였는데, 이것은 바로 '문정(問鼎)', 즉 "천하의 민심을 얻는다"는 말에서 기원하였다.[03] 고고학 연구에 따르면, 후세에 종정(鍾鼎)과 기타 청동기에 새겨진 도철(饕餮) 등의 짐승 문양은 하나라 우임금이 주조한 종정의 '상물(象物)'에서 기인한 것으로 이는 중국에서 최초로 새겨진 도상이다. 지금까지 고고학에서 발굴한 상나라 청동기에는 청동으로 된 거울이 적지 않다. 거울의 뒷면에도 일부 도상 문양을 새겨 넣었다.([그림2]) 이러한 청동거울은 어떤 것은 평면으로 되었고 어떤 것은 거울 면이 약간 울퉁불퉁하게 된 것도 있다. 이것으로 볼 때 그 당시 사람들은 이미 '거

杜预注: '象所图物, 著之于鼎.' 두예의 주, '도상을 정에 새긴 것'.

02 『좌전·의공삼년』, "그리하여 백성들은 산림이나 늪지에 들어가서도 나쁜 것들을 만나 자신을 해칠 걱정을 할 필요가 없었다. 각종 잡귀나 도깨비를 만나지 않았기에 온 나라가 조화롭고 하늘의 보우를 받게 된다. 故民入川泽山林, 不逢不若, 魑魅魍魉, 莫能逢之。用能协于上下, 以承天休."

03 『좌전·의공삼년』, "하늘이 덕이 밝은 군왕에게 복은 내리는 일도 언젠가는 그칠 날이 있다. 성왕(成王)은 정을 겹욕(郏鄏)에 두었는데 점괘가 말하는 예언이 삼십 조대를 전하여 칠백 년을 지속하였다. 이것은 하늘의 뜻이다. 주나라의 덕행은 비록 쇠약하였지만 천명은 변하지 않았다. 구정의 무게는 물어 볼 일이 아니다. 天祚明德, 有所底止。成王定鼎于郏鄏, 卜世三十, 卜年七百, 天所命也。周德虽衰, 天命未改, 鼎之轻重, 未可问也."

울로 사람을 비춰보는' 시각적 광학적 현상을 생각하였음을 알 수 있다.

서주(약 기원전 1027~기원전 771년) 시기는 중국 노예제가 성행하던 시기이다. 이 당시 사람들은 생활 속에서 이미 일부분 광학적 경험을 축적하고 이를 적극적으로 이용하기 시작하였다. 서주시기 중국인은 세계에서 가장 일찍 '양수(陽燧)'([그림3])를 창제하였다. 즉 청동거울의 오목면을 이용하여 불을 얻은 것이다. 양수는 청동 분야의 일대 성과일 뿐 아니라 광학지식을 구체적으로 응용하여 얻은 위대한 성공이기도 하다. 그것은 인류가 '자연에서 불을 얻고 → 불씨를 보존하고 → 다시 불을 만드는' 과정 속에서 하나의 이정표를 만든 것이다.

[그림2] 부호묘(婦好墓)에서 출토한 상나라 다원 요철 무늬 청동거울

절강 소흥 약수   절강 소흥 양수   하남 상령촌 양수

[그림3] 절강성과 하남성에서 출토한 양수(陽燧)

빛이 비칠 때 그림자와 물체의 형태는 언제나 함께 있기 마련이다. 빛의 위치 이동에 따라 물체의 투영 모양도 함께 변화하는데 이러한 현상은 실생활에서 아주 쉽게 발견할 수 있다. 중국 고대인들은 빛과 그림자 지식을 이용하여 시간을 정하고 방향을 정하는 가장 오래된 광학 기기인 해시계(圭表)([그림4])를 발명한 것이다. 즉 지면에 투영된 위치와 길이에 따라 방위와 시각을 측정했다. 해시계를 이용하여 방향을 정하는 방법은 이미 신석기 시대에 생겨났을 수 있지만 주나라에 이르러 아주 정밀하게 되었다. 『주례·동관고공기(周禮·冬官考工記)』에 상세한 기록이 남아 있다.[04]

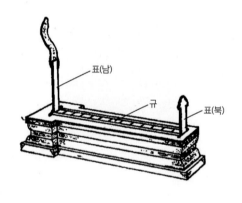

[그림4] 규표

광학과 밀접한 연관이 있는 물질인 유리의 생산은 줄곧 주목받아왔다. 어떤 사람은 유리가 중국 고대에 해외로부터 전해져온 것이라고

---

04   『주례·동관고공기(周禮·冬官考工記)』 "토규는 길이가 한 자 다섯 치가 되는데 해의 그림자를 측정하고 땅을 재었다. 土圭尺有五寸, 以致日, 以土地."

주장하였는데 이러한 주장은 고고학에서 발굴한 자료로 완전히 부정되었다. 서주의 일부 무덤 가운데서 유리알을 발견하였는데 납과 바륨 유리로 만든 것이다. 이 유리는 고대 이집트의 나트륨과 칼슘 유리와는 근본적으로 달라서 중국에서 자체로 만든 것으로 단정할 수 있다. 그리고 동주(東周) 시기의 무덤에서 출토된 소형 부장품에도 중국이 자체적으로 만든 유리 제품이 나왔다.

상고 시기부터 서주에 이르는 이 시기는 중국 도상기술과 광학이 발전하는 맹아기로 많은 고대 전적에 도상 과학기술 지식에 관한 기록과 서술이 들어있다. 이를테면 『시경』, 『주례』, 『상서』, 『예기』 등의 전적들이다. 중국의 첫 시가 총집인 『시경』은 문학사에서 뛰어난 지위를 차지한다. 이 시집은 서주 초기부터 춘추 중엽까지의 중국 사회생활 모습을 반영하고 있는데 그 가운데서 무지개, 반딧불, 해시계, 횃불에 관한 많은 시작품은 빛, 그림자, 형상에 대한 사람들의 관심, 의혹, 추측으로 넘친다. 『주례』는 '중국 고대 문화사의 보고'로 내용이 매우 풍부하다. 그중 양수, 봉수, 토규(土圭) 등에 관한 기록은 도상 광학지식에 관한 소중한 초기 기록이다.

이러한 전적에서 상고 시기부터 서주에 이르는 사이 중국 광학의 성과는 주로 인조(人造) 광원(光源), 해시계, 반사경의 발명에 있다는 것을 알 수 있다. 이 세 가지의 발명은 춘추전국 시기 및 그 후세 사람들이 빛의 성질을 제시하고 형상을 만드는 법칙, 그리고 그것을 광범위하게 이용할 수 있는 필요조건과 강력한 지지를 제공한 것으로 중국 도상 과학기술의 발전을 위한 튼튼한 기반을 마련하였다.

2. 도상과학기술의 형성기

동주(東周)부터 진(秦)나라(기원전 770~기원전 206년)에 이르는 이 시기는 중국 도상 과학기술이 점차 형성된 시기이다.

동주부터 진까지는 중국에 사회 대변혁이 일어난 시대였다. 동주는 또 춘추와 전국 두 시기로 나뉜다. 이 시기 중국은 노예사회에서 봉건사회로 넘어가는 과도적인 단계로 사람들의 사상 활동이 왕성하게 이루어져, 백화제방, 백가쟁명의 국면이 나타났는데 대표적으로 유가, 도가, 묵가, 법가, 명가 등 학파를 들 수 있다. 그때 나타난 대사상가로 이이(李耳), 공구(孔丘), 묵적(墨翟), 양주(楊朱), 장주(莊周), 순황(荀況), 한비(韓非)([그림5]) 등 이른바 '선진제자(先秦諸子)'가 등장하였다. 제자(諸子)들은 서로 비판하고 또 서로 본받으며 중국 역사상 사상적 교류가 가장 활발하고 문화가 가장 찬란한 시기가 되는 데 기여했다. 이와 같은 제자들의 학술사상은 중국 전통문화에 깊은 영향을 낳았고 이로써 중국 전통문화의 기본 틀이 형성되었다.

[그림5] 한비자, 정내련(程乃蓮)의 그림

동주에서 진나라에 이르는 이 시기는 청동기시대에서 철기시대로 넘어오는 단계이기도 했다. 철기의 광범위한 사용은 생산력의 신속한 발전을 이루었고 생산기술의 개혁이 힘차게 진행되었다. 이로써 생산관계는 거대한 변화 속에 처하였으며 과학기술도 전례 없는 발전을 이루었다.

단단한 철기의 사용은 춘추 시기의 도상을 갑골이나 청도(靑陶)에 새기는 것에서부터 더 단단하고 오래 남길 수 있는 돌에 새기기까지 하였다. 고고학적 자료에 따르면 춘추 시기 진나라에는 석고(石鼓)와 석각(石刻)이 있었다. 진나라가 천하를 통일한 후 시황제가 순찰할 때면 중요한 일곱 곳[01]에서 돌에 새기기도 하였다. 새긴 내용은 대부분 문자이

---

01 사마천, 『사기·진시황본기』에 시황제가 기원전 221년 6국을 통일한 후 선후로 5차례나 순찰을 나갔다. 이번 5번에 달하는 순찰 중 4차는 7곳에 대형 암반에 글자를 새기고 비석을 세워 그 공적을 기리었다. 이 7곳의 각석(刻石)은 「역산각석(繹山刻石)」(기원전 219년), 「태산각석(泰山刻石)」(기원전219년), 「랑야각석(琅邪刻石)」(기원전 219년), 「지부각석(之罘刻石)」(기원전 218년), 「동관각석(東觀刻石)」(기원전 218년), 「갈석각석

지만 문자의 형식은 역시 도상의 하나이다. 특히 중국의 상형문자는 본래 도상에서 기원한 것이다. 그 당시 도상은 돌에 새겨 위세를 높이고 이름을 전하며 정치명령을 전달하는 기능을 하게 되었다.

이전 시기에 쌓아 놓은 감성적 경험 기반 위에서 동주(東周) 시기 사람들은 빛을 전문적인 연구 대상으로 삼아 실험하고 이론적으로 개괄하기 시작하였다. 해시계의 장기적인 응용은 그림자 이론을 탐구할 수 있도록 만들었다. 금속 야금 기술이 발달하여 반사경의 제작 수준도 크게 향상하였다. 이 시기에는 기능이 뛰어난 평면거울과 볼록 거울이 있었을 뿐 아니라 곡면 비율이 다른 반사경도 생겨났다. 이때부터 이미 투명한 재료를 활용하기 시작한 것이다. 이러한 것들은 빛의 반사와 굴절 연구를 위한 물질적 기초를 제공하였다. 이외에 천문 천상(天象)에 관한 연구 성과는 사람들의 광학 지식을 풍부하게 만들었고 염색 공예 기술의 발전으로 색채에 관한 연구도 추진하게 되었다.

특히 이 시기에 광학과 상관된 유리나 평면거울의 제작에 중대한 발전이 있었다. 전국 시기 증후을(曾侯乙)의 무덤에서 대량의 구슬 재료와

（碣石刻石）」(기원전 215년)과 「회계각석(會稽刻石)」(기원전 210년)이다. 이 7곳의 각석은 대부분 훼손되었다. 지금까지 진나라 시기의 각석으로 남은 것이란 '태산각석'과 '낭야각석'만이 그 잔재를 남기고 있을 뿐이다. 그 가운데 '태산각석'에는 '태산십자'라고도 하는 이세(二世)의 조서 10자만 남았는데 지금은 태산 자락에 있는 대묘(岱廟)에 보존되어 있다. '낭야각석'도 글자가 대부분 떨어지고 12줄 반에 84자만 남았을 뿐이다. 지금은 중국역사박물관에 보존되어 있다. 7곳의 각석 중 6편의 각석 비문은 「사기·진시황본기」에 전문이 남아 있고 '역산각석'만 이름만 있고 글이 없다. 후에 '역산각석'은 남당 시기 서현(徐鉉)의 모본(摹本)에서 그 내용을 확인할 수 있다. 진나라 각석은 대부분 모탁본(摹拓本)이 있어 후세에 전해진다. 여러 비문은 「사기」의 기록과 약간 차이가 나는데 전하는 바로는 모두 진나라 재상인 이사(李斯)가 지었다고 한다. 각석은 진나라 전서(篆書)체의 대표작으로, 진나라가 문자를 통일하는 기준과 역사적 증거이기도 하다.

유리구슬이 출토되었는데 이것은 이 시기 유리 제조 기술이 이미 어느 정도 성숙하였음을 설명해 준다. 전국시대 사람들은 또 '마경(魔鏡)'이라고 불리는 특제 구리거울을 만들었다. 거울 뒷면에 새긴 무늬와 글자는 모두 볼록하게 솟아 있는데 이 거울로 햇빛을 반사하면, 벽에 거울 뒷면의 도형과 비슷한 무늬 윤곽이 나타난다. 마치 빛이 거울을 통과해 나오는 것 같다고 해서 이 거울을 '투광경(透光鏡)'이라고도 한다.([그림6])

[그림6] 투광경(오른쪽 아래 그림은 벽에 비친 거울 뒷면 그림과 비슷한 무늬의 모습)

기원전 221년 진시황은 중국을 통일한 후 강력한 중앙집권제를 시행하여 이전에 제후가 할거하는 국면을 대체하였다. 그리고 문자를 통일하고 도량형을 통일하는 등 대대적으로 개혁하였다. 진나라와 그 이전의 상고 및 삼대(三代) 시기 중국 도상 문화는 순전히 자연에서 온 것으로 외역(外域) 문화의 영향을 받지 않았다. 진나라가 천하를 통일하면서 중국 판도는 크게 확장하였고 역외와의 교류도 날로 커졌다. 역외의 도상 풍격, 과학기술 문화도 이를 따라 전해 들어오기 시작했다. 진나라 역사가 짧아서 수많은 변화가 시작만 하고 앞으로 나아가지 못했다. 진나라 이후 중국 사회와 과학기술 문화는 완전히 새로운 모습으로 변하기 시작했다.

동주에서 진나라에 이르는 이 시기에 많은 경전이 나타났는데 그중에는 도상 과학기술에 관한 내용이 적지 않다. 전국 시기 한비(약 기원전 280~기원전 233년)는 저서 『한비자』에 이러한 내용을 기록하고 있다. 어떤 사람이 콩깍지 안쪽에 그림을 미세하게 그린 후 그것을 햇빛이 비치는 벽면의 구멍에 놓았다. 그러자 방 안의 벽에 용, 뱀, 수레와 말이 살아 있는 듯 움직였다.[02] 춘추 말년에 제나라 사람이 지은 『고공기(考工記)』에는 광학 방면의 기술과 지식이 적지 않게 기록되어 있다. 이를테면 『고공기·율씨(栗氏)』에는 청동기물을 만들 때 합금의 비례가 기록되어 있다.[03] 『고공기·화궤지사(畵繢之事)』에는 염색하거나 자수를 놓을 때

---

02 『한비자·외저설좌상(韓非子·外儲說左上)』, "어떤 사람이 주왕에게 콩깍지에 그림을 그려 올렸는데 3년이란 시일이 지나 완성했다. 주왕이 보니 옻칠을 한 콩깍지와 별만 차이가 없었다. 주왕이 대노하자 콩깍지에 그림을 그린 자가 말했다. 열판 높이의 벽을 쌓고 그 벽에 여덟 자 크기의 창을 내세요. 그리고 태양이 금방 솟을 때 그것을 창에 두고 보세요. 주왕이 그의 말대로 따라 하자 그 위에는 용, 뱀, 짐승과 수레, 말 등이 나타났는데 만물의 모습을 다 갖추어 있었다. 주군을 크게 기뻐했다. 콩깍지 내막에 그림을 그리는 공은 아주 세밀한 것으로 결코 쉬운 것이 아니다. 그러나 보기에는 일반적인 옻칠을 한 콩깍지와 같았다. 客有为周君画筴者, 三年而成。君观之, 与髹筴者同状。周君大怒。画筴者曰: '筑十版之墙, 凿八尺之牖, 而以日始出时加之其上而观。周君为之, 望见其状, 尽成龙蛇禽兽车马, 万物状备具。周君大悦。此筴之功非不微难也, 然其用与素髹筴同。"

03 『주례·고공기』, "율씨는 양의 다소를 재는 양기(量器)를 만들었다. 그는 구리와 주석을 반복적으로 제련하여 불순물이 더는 없도록 순수하게 만들었다. 무게를 단 후 물에 넣어 체적의 크기를 측정하였다. 체적을 확정한 후 다시 양기를 주조하였다. 이렇게 주조한 양기를 부(鬴)라고 하는데 깊이가 한 자이고 한 입방자를 수용할 수 있고, 입구 가장자리의 모양은 원형이다. 이 부의 용적은 곧 일 리터이다. 부의 볼기는 한 치인데 그 용적은 일 두(豆)이다. 부의 양측 귀는 삼 치인데 그 용적은 일 리터이다. 부의 무게는 일 균(鈞)이다. 그리고 부를 칠 때 내는 소리는 황중궁(黃鍾宮) 궁조에 맞다. 평목으로 부에 담은 쌀이나 조 등 식량을 밀어 떨어지지 않도록 한다. 부의 명문은 이렇다. 덕망을 갖춘 이 군주는 민중을 위해 도량의 법칙을 확립하고

사용한 채색 실을 사용 과정에 따라 색깔 및 그것의 사용 순서대로 배열하는 규칙을 기록하고 있다.[04] 『고공기·장인(匠人)』과 『고공기·옥인(玉人)』은 또 참나무 막대기와 토규(土圭)를 이용해 햇빛의 그림자를 측정하고 방향을 정하는 방법[05]을 기록하고 있다. 묵가학파의 창시자인 묵

자 이 부를 만들려고 고심하여 마침내 최고의 신용에 이르렀다. 우량의 양기를 이제 만들어 내어 사방 각구에 하사하였디. 그리고 자손 후내를 가르쳐 영원히 이 양기를 준칙으로 삼을 것을 일깨웠다. 무릇 금속을 주조하는 과정을 살펴보면 주조되는 구리와 주석의 검고 탁한 기체는 말끔히 사라지고 누르스름한 기체가 곧 나타난다. 누르스름한 기체가 사라지면 곧이어 푸르스름한 기체가 나타나고 푸르스름한 기체가 사라지면 곧이어서 맑은 기체가 나타난다. 여기에 이르면 기물을 주조할 수 있다. 栗氏为量: 改煎金、锡则不耗, 不耗然后权之, 权之然后准之, 准之然后量之。量之以为鬴, 深尺, 内方尺而圆其外, 其实一鬴。其臀一寸, 其实一豆。其耳三寸, 其实一升。重一钧。其声中黄钟之宫。槩而不税。其铭曰: 时文思索, 允臻其极。嘉量既成, 以观四国。永启厥后, 兹器维则。' 凡铸金之状: 金与锡, 黑浊之气竭, 黄白次之; 黄白之气竭, 青白次之; 青白之气竭, 青气次之。然后可铸也。"

04 『주례·고공기』 "그림을 그리는 일이란 오색을 잘 조합하는 일이다. 동쪽을 상징하는 색은 푸른색이고 남쪽을 상징하는 색은 붉은색이며 서쪽을 상징하는 색은 흰색이고 북쪽을 상징하는 색은 검은색이다. 그리고 하늘을 상징하는 색은 현색이고 땅을 상징하는 색은 노란색이다. 푸른색과 흰색은 순서대로 배열하는 두 가지 색깔이고 적색과 검은색도 순서대로 배열하는 두 가지 색깔이며 현색과 황색도 순서대로 배열하는 두 가지 색깔이다. 푸른색과 붉은색을 서로 섞어 배열하는 것을 문(文)이라고 하고 푸른색과 흰색을 서로 섞어 배열하는 것을 장(章)이라고 부르며 흰색과 검은색을 서로 섞어 배열하는 것을 보(黼)라고 부르며 검은색과 푸른색을 서로 섞어 배열하는 것을 불(黻)이라고 부른다. 오색을 모두 갖출 때 수(繡)라고 한다. 画缋之事, 杂五色。东方谓之青, 南方谓之赤, 西方谓之白, 北方谓之黑, 天谓之玄, 地谓之黄。青与白相次也, 赤与黑相次也, 玄与黄相次也。青与赤谓之文, 赤与白谓之章, 白与黑谓之黼, 黑与青谓之黻, 五采, 备谓之绣。"

05 『주례·고공기』 "장인은 도성을 지을 때 기둥을 세워 물을 달아매는 방법으로 지평을 측량하고 밧줄을 달아매는 방법으로 수직으로 된 나무 기둥을 설치하여 햇빛의 그림자를 관찰하는 방법으로 방향을 변별하였다. 그리고 높이 세운 나무 기둥을 원심으로 원을 그려서 해가 솟아오를 때 햇빛이 비치는 나무 기둥이 원에 남긴 그림자와 해가 질 때의 그림자를 통해 동서 방향을 확정하였다. 낮에는 정오 때 해의 그림자를 참조하고 밤에는 북두칠성을 참조하여 정남북쪽과 정동서쪽 방향을 확

자는 이 시기의 도상 과학이나 광학 기술 측면에서 가장 탁월한 인물이다. 묵자가 지은 『묵경』은 이 시기 도상 과학과 광학 기술 방면의 가장 뛰어난 전적이기도 하다.

묵자(墨子)와 그의 『묵경(墨經)』

묵자(약 기원전 468~376년, 그림7)는 이름이 적(翟)이고 춘추전국 시기의 송나라 사람이다. 그는 전국 시기의 명망 높은 사상가, 과학자, 사회 활동가이며 묵가 학파의 창시자이다. 묵적과 그가 창립한 묵가 학파 대부분의 사람은 모두 직접 생산 노동에 참여하였고, 각고의 탐구 정신이 있었다. 그들 모두 자연과학 연구에 많은 열정을 쏟아부었다. 묵적 역시 목공에 정통한 수공업자였다. 묵가의 많은 창조와 발명은 모두 후세의 과학기술 발전에 지대한 추진력이 되었다. 묵가의 침공암갑(針孔暗匣, 구멍을 통한 이미지 생성) 실험은 세계 최초의 이미지 생성에 관한 실험이다. 작은 구멍이 만들어 낸 도상은 광학에서 가장 기본적인 원리의 하나이다. 그것이 바로 촬영 기술의 기초이다. 사람들은 이런 작은 구멍이 만들어 낸 도상을 발견한 후 어두운 작은 상자 안의 천막 위에 원판을 놓기만 하면 곧 사진을 찍을 수 있다는 원리를 알게 되었고, 더 나아가 세계 최초로 침공사진기를 만들어 내기도 하였다.

정하였다. 匠人建国, 水地以县, 置槷以县, 眂以景, 为规, 识日出之景与日入之景, 昼参诸日中之景, 夜考之极星, 以正朝夕."

[그림7] 묵자, 정내련 그림

묵적과 그의 제자들은 그들의 사상, 언론, 활동 및 과학기술 지식을 한 권의 책으로 묶었는데 이 책이 바로 춘추전국 시기 과학기술 지식의 대표작인 『묵자』이다. 『묵경』은 『묵자』의 주요 구성 부분으로 일반적으로 『경상(經上)』, 『경하(經下)』, 『경상설(經上說)』과 『경하설(經下說)』 4편으로 되었다고 본다. 그중 『경설』은 「경」의 해석 혹은 보충이다. 『묵경』은 여덟 개 조항의 글로 광학 도상 형성 문제를 연속적으로 기재하였는데 춘추전국 시기 중국 광학의 중대한 성과를 집대성하였다. 여덟 개 조항의 내용을 보면 아래의 순서로 기재되었다.

(1) 그림자에 대한 정의 및 그림자 형성 원리

(2) 광선과 그림자의 관계

(3) 빛이 직선으로 비치는 성질, 그리고 이러한 성질을 이용하여 작은 구멍으로 도상(그림8)을 만드는 실험으로 증명

(4) 빛의 반사 특성

(5) 물체와 광원(光源)의 상대적 위치로 그림자 크기 확정

(6) 평면거울이 반사하여 만들어 내는 도상

(7) 오목 거울이 반사하여 만들어 내는 도상

(8) 볼록 거울이 반사하여 만들어 내는 도상

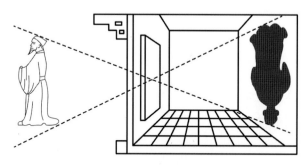

[그림8] 『묵경』의 작은 구멍을 통한 도상 형성 연구

이 '광학팔조(光學八條)'는 겨우 수 백자에 불과하지만, 기본적이고 간단한 현상으로부터 꽤복잡한 현상에 이르기까지, 그림자의 분석에서 도상의 분석에 이르기까지, 글의 조리가 정연하고 논리가 치밀하다. 이 것은 묵가가 광학실험 과정을 정밀하게 관찰하고 충실하게 기록한 것이다. 이 또한 인류의 광학지식에 관한 최초의 문자 기록이기도 하다. '광학팔조'는 기하 광학의 초석이고 촬영 광학의 시조이며, 더욱이 도상학의 이론적 선구로 2천여 년 전 세상에서 가장 위대한 광학에 관한 저술이라고 할 수 있다. 이는 세계에서 공인하는 가장 이른 광학 저술인 유클리드의 『광학』보다 백여 년 앞섰다. 묵가의 광학 영역의 연구 성과는 오늘날 광학 및 디지털 도상 형성 이론의 기초를 마련하였고, 중국고대 과학기술의 발전에 지대한 공헌을 하였다. 그들의 연구 성과의 깊이는 당시 세계에서 매우 보기 드문 것이었다.

3. 도상 과학기술의 발전기

한나라부터 오대(五代)(기원전 206년~기원 960년)에 이르는 이 시기는 중국 도상 과학기술이 급속도로 발전하는 시기이다.

한나라는 진나라 제도를 계승함과 동시에 유가를 핵심으로 하는 사상문화를 구성하였다. 서한과 동한 시기는 중국 전통문화의 대통일 시기로, 국가의 생산력과 과학기술이 전례 없는 발전을 이루었다. 양한(兩漢)부터 수나라, 당나라와 오대까지 천여 년 동안, 고대 중국은 여러 세력이 치열하게 싸우는 정권 분립 시기를 거쳤고, 나라가 통일을 이루고 천하가 태평하여 상대적으로 안정된 시기도 거쳤다. 서한 시기는 진나라가 천하를 통일하고 나라를 다스리던 때부터 4백여 년을 지속하면서 한때 지극히 번성하였다. 동한에 이르러 사회생산 활동과 과학기술 등 많은 분야에서 모두 세계를 앞서 나갔다. 동시에 대외 교류도 많아졌다. 불교가 동쪽으로 전해진 후, 강성한 국력에 힘입어 불교의 그림이나 조각 등 조상(造像) 도상도 크게 발전하였다. 한나라 이후 '삼국' 시기에 비록 정권은 분열되었지만 과학기술은 한나라의 기반 위에서 계속하여 안정적으로 발전을 지속하였다. 진(晉)나라가 삼국을 통일하고 망하기까지 백여 년 동안 중국은 한때 분열의 국면을 맞이하였고, 수(隋)나라(기원 581년~618년)에 이르러서야 다시 통일하게 된다.

당나라(기원 618년~907년)에는 통일 국면이 더욱 공고해지고 천하가 번창하였으며 그 위엄은 아시아대륙 전역에 이르렀다. 당나라 시기는 중외 교류가 활발하고 사상이 개방적이며 포용적 자세를 취하여 문명의 새로운 국면을 맞이하였다. 중국의 문화예술과 과학기술은 빠르게 발전하였고, 그 성과도 매우 탁월하였다. 종사(宗師)로 추앙받는 문화 명인들이 여기저기서 나타났다. 당시 동서양 각국의 사신, 학자와 상인들이 장안(長安) 등지로 몰려들어 공부하고 교류하며 중화문화권을 형성하기에 이른다. 그리하여 동아시아 지역의 문화적인 면모를 바꾸어 놓게 되었다. 중국의 제지술, 연금술, 수학과 자기(瓷器) 등이 서양으로 흘러 들어갔다. 중국의 전통 과학기술도 세계로 뻗어나가 인도, 아랍, 유럽과 아프리카에 모두 어느 정도 영향을 주게 되었고 세계 과학기술의 발전에 박차를 가하게 되었다. 당나라 말기와 오대 시기에는 비록 나라에 전란이 빈번하고 정권이 연이어 교체하였지만, 도상 문화 및 도상 과학기술은 그 발전의 발걸음을 멈추지 않았고 송나라에 이르러 대성을 이루었다.

이 시기 중국은 여러 차례 통일하고 분열하는 사회적 정치적 과정을 거치면서 봉건제도는 점차 완전해졌고 과학기술은 끊임없는 발전을 거듭하였다. 중국 고대의 도상 과학기술도 이와 더불어 안정적인 발전을 이루었다. 인쇄와 염색, 탁본은 도상 제작과 전파 기술의 매개로 이 시기에 전례 없는 발전을 이루었고 보편적으로 응용하기에 이르렀다. 1972년 후난(湖南) 창사 마왕퇴(馬王堆) 1호 한나라 무덤(기원전 165년 전후)에서 날염 기술을 사용하여 볼록 무늬판으로 꽃을 찍은 견사 두 건이 출토되었다. 날염은 목판에 꽃무늬 도안을 새긴 후 염료를 이용하여 천에 찍는 기술이다. 전문가의 고증에 따르면 이러한 기술은 진나라와 한나라 때보다 더 이른 전국 시기부터 생겨났는데, 이것은 비교적 이른 시기 도상 기구를 활용한 복제 기술이라고 할 수 있다. 그리고 후에 나타난 탁본은 날염이 발전하면서 생겨난 다른 한 갈래이다. 한나라때 태학(太學) 문전에 『시경』, 『상서』, 『주역』, 『예기』, 『춘추』, 『공양전(公羊傳)』, 『논어』 등 일곱 편의 유가 경전을 옮겨 쓴 비석을 세워 놓았다. 많은 사람이 앞다투어 그것을 베꼈는데, 베끼는 일이 너무 어려워서 틀리기 쉬웠고 글자를 빠뜨리기도 하였다. 동한 때 채륜(蔡倫)이 제지술을 발명한 후 위진남북조 시기에 이르러 어떤 사람 종이를 이용해 경문을 탁본하였는데, 이 방법은 손으로 베끼는 것보다 간편하고도 믿을 수 있었다. 날염과 탁본을 한 제품들은 모두 도상이고, 비교적 이른 시기에 기구를 활용하여 복제한 도상이라고 할 수 있다. 이렇듯 도상은 두 가지 경로를 통해 얻을 수 있었다. 그 하나는 손으로 도상을 그린 후 손으로 그린 도상과 평행을 이루는 기구를 활용해 도상을 복제하는 것이고, 다른 하나는 도상 광학 과학 및 기술의 발전이다. 그것들은 각각 자신의 특징을 갖고 각자의 방향으로 발전하여 서로 다른 특색을 지니게 되었으며, 끊임없이 발전하고 확장하면서 서로 도상 발전의 통합적 발전 과정을 형성하였다.

이 시기에 또 많은 걸출한 사상가, 과학자와 우수한 문화 역사 서적들이 나타났다. 많은 서적에 도상 과학기술의 관찰 경험과 도상 광학 현상을 상세하게 기록하였다. 중국 역사학의 저명한 저서인 『사기·천관서(天官書)』는 최초로 신기루에 관하여 기록하고 있다[01]. 『사기』와 다

---

01   (한)사마천, 『사기·천관서』, "그러므로 북방의 오랑캐 무리에서 형성된 엷은 안개는

른 역사학의 명저『한서(漢書)』에는 모두 서한 시기 한무제 유철(劉徹)이 이미 작고한 이씨 부인이 그리워 방사(方士)인 제나라 사람 소옹(少翁)에게 청하여 빛의 그림자로 '초혼(招魂)'을 한 이야기를 기록하고 있다. 소옹은 밤에 휘장을 드리우고 촛불을 밝혀 도상을 만들어 '활동사진'([그림 9])으로 펼쳐 보였다. 그리하여 무제는 마치 이씨 부인의 용모를 다시 보는 듯하였다. 무제는 "맞나요? 아닌가요? 선 채로 실의에 젖어 바라보네, 왜 그대는 이리도 늦게 왔는가요."[02]란 시구를 남겨 놓았다. 이러한 재미있는 기록들은 슬라이드 예술이나 영화예술이 중국에서 시작되었음을 보여준다. 유럽인들은 17세기에 이르러서야 첫 번째 환등기

마치 짐승 무리와 거주하는 유르트 떼 같고, 남방의 오랑캐 무리에서 형성된 엷은 안개는 마치 쪽배나 깃발과 같다. 큰물이 있는 곳, 패전한 전장, 나라가 망하고 남긴 폐허, 그리고 땅속에 묻힌 돈과 금은보화 위에는 모두 엷은 안개가 서려 자세하게 관찰하지 않을 수 없다. 바닷가의 신기루 모양은 누대 같고 드넓은 벌판에서 형성된 엷은 안개는 궁전 모양이다. 요컨대 엷은 안개는 그곳의 산과 물, 그곳에 생활하는 사람들의 기상과 같다. 故北夷之气如群畜穹间, 南夷之气类舟船幡旗。大水处, 败军场, 破国之虚, 下有积钱, 金宝之上, 皆有气, 不可不察。海旁蜄气象楼台；广野气成宫阙然。云气各象其山川人民所聚积。"

02 (한)반고,『한서·외척전상(外戚傳上)』, "한 무제는 이부인이 매우 그리웠다. 소옹(少翁)이라는 제나라 방사가 그녀의 혼을 불러올 수 있다고 말했다. 그리하여 밤중에 촛불을 밝히고 휘장을 치고 술과 고기를 마련한 후 무제에게 다른 휘장 안에 들어가도록 하였다. 무제는 그 휘장 안에서 멀리 이부인처럼 아름다운 여인을 만나게 되었다. 그녀는 휘장 안에서 어떤 때는 가만히 앉아 있기도 하고 또 어떤 때는 일어나서 천천히 거닐기도 하는 것이었다. 그러나 가까이 다가가 볼 수는 없었다. 무제는 그리움에 못 이겨 그녀를 위해 시를 지었다. '그런가? 아니 그렇지 않은가? 선 채로 실의에 젖어 바라만 보네. 왜 그대는 이리도 늦게 왔는가요!' 그리고 악부(乐府)에 있는 여러 음악가에게 현을 뜯으며 이 시를 노래로 부르도록 하였다. 무제는 또 친히 부(賦)를 지어 슬픈 정에 젖어 이부인을 추모하였다. 上思念李夫人不已, 方士齐人少翁言能致其神。乃夜张灯烛, 设帷帐, 陈酒肉, 而令上居他帐, 遥望见好女如李夫人之貌, 还幄坐而步。又不得就视, 上愈益相思悲感, 为作诗曰: '是邪, 非邪？立而望之, 偏何姗姗其来迟！' 令乐府诸音家弦歌之。上又自为作赋, 以伤悼夫人。"

를 설계하여 선보였다.

[그림9] 이소옹이 "활동사진"으로 무제를 위해 재현한 이부인의 모습

　동한 때 사람인 왕부(王符)([그림10])는 『잠부논(潛夫論)』에서 사람의 육안으로 사물을 볼 수 있는 연유는 사물에 빛이 비치기 때문이라고 하였다. 그는 이 책의 「석난(釋難)」이란 글에서 처음으로 빛이 중첩되는 현상을 기술하였다.

[그림10] 왕부, 정내련 그림　　　　　　[그림11] 갈홍, 정내련 그림

동진(東晉) 때 사람인 갈홍(葛洪)([그림11])은 그의 저서 『포박자(抱朴子)』
에서 평면거울을 조합하여 보이는 몇 개의 그림자에 대해 여러 차례 기
술하였다. 구체적으로 두 개 평면거울로 만든 '일월경(日月鏡)'과 네 개
평면거울로 만든 '사규경(四規鏡)'을 서술하는데 갈홍은 이것을 '경도(鏡
道)'라고 부르고 이러한 조합형 평면거울이 만드는 그림자 기술을 '분형
술(分形術)'이라고 칭했다.

당나라 초기 왕도(王度)는 저서 『고경기(古鏡記)』에서 "태양의 빛을 받
아 그것(볼록렌즈)을 비추면 뒷면에 있는 글과 그림은 검게 그림자 내에
비껴드는데 한치의 오차도 없다"라면서 볼록렌즈를 묘사하고 있다.

당나라 저명한 시인 장지화(張志和)([그림12])가 지은 저서 『현진자(玄眞
子)』에는 풍부한 자연과학 기술지식을 담고 있다. 그 가운데 대기의 빛
도상에 관한 연구는 매우 뛰어나다. 그는 천둥, 번개, 무지개, 암무지개
등 현상의 본질 및 그 현상의 형성 원인에 대하여 모두 비교적 과학적
인 분석을 내놓았다. 저서에서 기록하고 있는 '빛을 받으면 안개가 솟
아올라 무지개 모양이 만들어진다'라는 묘사는 중국 고대 무지개 현상

에 관한 유명한 연구인 '인조(人造) 무지개' 실험으로 매우 귀중한 과학 기술의 사료적 가치가 있다. 이는 기원 8세기에 무지개는 햇빛이 물방울을 비추어 형성된 것임을 증명한 것으로 무지개의 본질을 정확하게 해석한 것이다. 유럽에서 무지개에 대한 인공 모의실험은 13세기에야 시작하였고 이는 장지화보다 500년 늦은 것이다. 『현진자』는 대기의 빛 도상 연구에 관한 기록과 분석 외에도 빛과 그림자, 시각 잔류, 착시 현상에 대해서도 생생하게 기록하고 있다. 이처럼 <현진자>는 중국 고대의 매우 뛰어난 학술 저서이다.

[그림12] 장지화, 정내련 그림   [그림13] 단성식, 정내련 그림

당나라 말엽 단성식(段成式)([그림13])은 『유양잡조(酉陽雜俎)』에서 남북조 시기부터 당나라까지의 정치, 역사, 문화, 사회생활의 역사적 자료들을 기술하였을 뿐만 아니라 대량의 과학기술 역사 자료와 자연현상까지도 기록하고 있다. 그 가운데서 광학(光學) 현상에 관한 기록을 보면 달에 음영이 생기는 이유, 불상을 그릴 때 사용하는 인광 물질, 냉광(冷光) 현상, 거꾸로 드리운 탑의 그림자 등에 관한 글도 있다. 이 책은

국내에서 이름을 날려 널리 전파되었을 뿐만 아니라 해외 학자들로부터 관심까지 한 몸에 받았다.

남북조 시기 양(梁)나라 사람인 황간(皇侃)이 『예기·옥조(禮記·玉藻)』에서 서술한 색채에 관한 견해는 이 시기 매우 중요한 광학 분야의 성과이다. 저서에서는 비교적 천을 염색하는 과정에서 서로 다른 두 가지 색깔을 섞어 제3의 색깔을 얻는 현상을 비교적 정확하게 서술하고 있다. 즉 청색과 황색을 섞어 녹색(청황색)을 얻고 주색과 백색을 섞어 홍색(적백색)을 얻고 백색과 청색을 섞어 벽색(청백색)을 얻으며 흑색과 황색을 섞어 황토색(황흑색)을 얻어낸다. 황간이 제시한 오색(청, 적, 황, 백, 흑) 중 청색, 적색, 황색 이 세 가지 색깔의 순서는 근대 색채학계에서 주장하는 감색법(減色法)(청, 담홍색, 황)의 본질과 같다.

물론 이 시기 가장 뛰어나고, 도상 과학사상 및 광학 기술과 관계가 가장 밀접하며, 중국 도상 과학기술의 발전에 지대한 영향을 미친 가장 중요한 저술은 서한 사람인 유안(劉安)의 『회남만필술(淮南萬畢術)』, 동한 사람인 왕충(王充)의 『논형(論衡)』, 서진(西晉) 사람인 장화(張華)의 『박물지(博物志)』, 오대 남당 사람인 담초(譚峭)의 『화서(化書)』이다.

유안(劉安)과 그의 『회남만필술(淮南萬畢術)』

유안(기원전 179년~기원전 122년)([그림14])은 서한 패군풍(沛郡豊)(지금의 장쑤성 펑현(豊縣)) 사람이다. 서한 회남왕(淮南王)으로 한 고조 유방(劉邦)의 손자이며 서한 시기의 사상가이자 문학가이다. 유안은 독서를 즐기고 거문고를 즐겨 탔으며, 사유가 민첩하고 문장에 능하였다. 일찍이 빈객과 방사들을 모아 공동으로 『회남자』와 『회남만필술』을 편찬하였다.

[그림14] 유안, 정내련 그림

　기원전 139년에 편찬한 『회남만필술』에는 광학 도상 방면의 중요한 내용이 많이 기록되어 있으며, 서한 시기 중국 도상 과학기술의 주요한 성과를 반영한 것으로 매우 귀중한 자료이다. 책에서는 생동적이며 재미있는 실례를 들면서 일부 광학 현상을 설명하는데 풍부한 광학 도상 지식과 깊은 도상 과학사상을 드러내 보였다. 책에서는 양수(陽燧) 및 그 초점에 관하여 아직도 모호한 그 개념을 여러 차례 언급하면서 '빙 투경(氷透鏡)' 및 불을 얻는 방법을 기록하였다.([그림15]) 실험을 통한 '그림자'에 대한 묘사는 지금까지 발견된 기록 중 초점에 관한 것은 최초이다. 책에서는 또 평면거울을 조합한 방식으로 개관식(開管式) 잠망경(潛望鏡)([그림16])을 만드는 실험을 기술하고 있다. "큰 거울을 높이 매달고 그 아래 물을 담은 대야를 놓으면 그 주변을 볼 수 있다." 이것은 평면거울을 이용하여 모양을 두 번 만드는 원리를 이용한 것으로 세계 최초의 잠망경이라고 할 수 있다.

　『회남만필술』에 기재된 광학지식을 보면, 유안 및 그 문객들이 일정한 자연과학지식을 갖고 있었으며, 직접 실험까지 하기도 하였다. 물론 실험에 관한 일부 기록이 상세하지는 않지만 물리 현상과 법칙에 관한 창의적 생각은 참으로 소중한 것이었다. 광학에 관한 인식 등과 같은 어떤 도상 과학사상은 당시 세계에서 최고 수준에 달하였다.

[그림15] 빙투경으로 불을 얻는 법

[그림16] 한나라 때의 개관식 잠망경

왕충(王充)과 그의 『논형(論衡)』

왕충(약 27~97년)([그림17])은 자가 중임(仲任)이고 동한 시기 대사상가
이다. 왕충은 어려서부터 남달리 총명하였고 배우는 것을 즐겼으며, 여
러 분야의 지식을 섭렵하면서 웅대한 포부를 가졌다. 그는 젊을 때 책
상자를 짊어지고 천리 밖에 있는 경성 낙양으로 가 유학(游學)을 하였
다. 왕충은 낙양에서 태학(太學)에 들어가 사람이 지켜야 할 도리를 배
우고 백가(百家)를 탐독하면서 학문을 넓히고 시야를 넓혔다. 그리고 유
명한 학자를 찾아다녔고 대학자인 반표(班彪)를 스승으로 모셨다. 왕충
은 그의 가르침 밑에서 여러 분야를 두루 섭렵하고 실사구시의 학술적
풍격을 어느 정도 갖추게 되었다. 왕충은 평생 벼슬길이 순조롭지 않았
다. 그저 군현(郡縣)의 요속(僚屬)으로 몇 번 지냈고 게다가 어려움이 많
았고 순탄하지 않았다. 그러나 왕충은 학문 사상에서 꾸준히 노력하여
독자적인 정신을 가지게 되었고, 그는 사실에 근거하여 중국 역사상 불
후의 고대 유물론적 철학이자 무신론 저서인 『논형』을 완성하였다.

[그림17] 왕충, 정내련 그림

『논형』은 중국 고대 과학 사상사에서 획기적인 걸작일 뿐 아니라 중국 고대 과학 기술사에서도 매우 중요한 저술이다. 『논형』의 뜻은 "경중의 언행을 저울질하여 진위의 천평(天平)을 세운다"이다. '형(衡)' 글자의 본뜻은 천평이다. 『논형』은 바로 당시 언론의 가치를 가늠하는 천평인 것이다. 그 목적은 '미혹을 당한 마음을 일깨워 그들이 허와 실을 구별할 것을 기대하였다.'(『논형·대작(對作)』편)이다. 왕충은 유물론적 자연관과 자연과학지식을 기초로 이전 시기 사람들의 무신론 사상을 집대성하고, 원기(元氣) 자연론으로 만물이 생성하고 변화하는 것을 논증하였다. 그는 정통 사상의 구속에서 벗어나 당시 힘써 배운 과학기술 지식으로 자신의 사상체계를 천명하기에 힘썼다. 그는 여러 가지 과학기술 문제에서 모두 자신의 투철한 견해를 피력하였다.

『논형』에는 대량의 자연 지식, 물리 지식 및 도상 과학사상과 광학 도상 지식에 들어있다. 주로 양수(陽燧) 및 매끈한 금속 재질로 된 오목 물체로 초점을 모아 불을 취하는 방법과 일식과 월식의 형성 원인, 유리 제조, 유리 투시경(透視鏡)으로 초점을 모아 불을 취하는 등이 있고, 빛의 강도, 빛의 직선 전파 등의 문제를 기술하고 있다. 그 가운데서 일부 내용은 다른 서적에서는 볼 수 없는 것으로 매우 진귀한 과학기술에 관한 역사 자료이다. 왕충의 도상 과학사상은 앞사람을 뛰어넘었을 뿐만 아니라 후세의 많은 후학까지도 뛰어넘었다. 왕충은 자연현상을 파악하고 요목을 추려내고 핵심을 깊이 있게 탐구하여 그의 과학사상은 후세에 심원한 영향을 낳았다.

장화(張華)와 그의 『박물지(博物志)』

서진(西晉) 시기 장화(232~300년)(그림18)는 자가 무선(茂先)이고 범양
(范陽) 방성(方城)(오늘의 허베이성 구안(固安)현) 사람으로, 한나라 유후(留侯)
장량(張良)의 16대손이다. 그는 서진 시기 문학가이고 정치가이다. 장화
는 어려서 부친을 여의어 집은 가난했지만 열심히 공부하였다. 『진서·
장화전(晉書·張華傳)』에는 그가 학업이 우수하고 박학하였다고 말하고 있
다. 그는 도위방기(圖緯方伎)의 책이라면 무엇이든 자세하게 읽지 않은
것이 없었다. 일찍 「초료부(鷦鷯賦)」를 지어 자신을 비유하기도 하였다.
혜제(惠帝) 때 팔왕의 난이 발발하여 장화는 조왕(趙王) 사마윤(司馬倫)과
손수(孫秀)에게 살해당하였다.

[그림18] 장화, 정내련 그림

장화가 편찬한 『박물지』는 기이한 경물, 고대의 자질구레한 소문과
잡다한 이야기나 신선방술 등에 관한 내용을 분류한 서적이다. 책 속의
글은 짧지만 세련되고, 언어는 간결하지만 뜻은 깊으며, 생동적이고 홍

미롭다. 그의 글은 지식수준이 높고 재미있어서 인구에 회자하는 작품이다. 『박물지』는 중국 고대문화와 자연과학의 발전 양상을 연구하는데 귀중한 자료를 제공하였다. 그중 많은 광학 현상과 기타 자연과학에 관한 기술지식을 포함하고 있다. 이를테면 벌레나 새들의 날개가 회절하는 현상, 인광(燐光) 현상, '소아가 해를 변(辯)'하는 광학 이야기들이다. 이외에 『박물지』는 『회남만필술』에 이어 얼음을 투시하는 얼음 투시경 제작 및 그것을 이용해 해를 향해 불을 취하는 광학실험을 다시 한번 기술하고 있다.

담초(譚峭)와 그의 『화서(化書)』

담초(860 혹은 873~968 혹은 976년)([그림19])는 자는 경승(景昪)이고 푸젠성 취안저우(泉州) 사람이다. 오대 남당(南唐)의 이름난 도사이고 도학 이론가이며 과학자이다. 담초는 어려서부터 총명하고 해박하여 판별력이 뛰어났다. 성인이 된 후 집을 떠나 여러 곳을 유람하였는데 그의 발걸음은 천하 명산에까지 미쳤다. 그는 황제(黃帝)와 노자(老子)의 학문인 황로지학(黃老之學)에 심취하여 숭산(崇山) 도사를 따라 십여 년 동안 도학을 배워 벽곡(辟谷)하고 심신 수련의 술수를 터득하게 되었다. 후에 남악인 형산(衡山)에 들어가 연단술을 익히고 청성산(靑城山)에 은거하였다. 담초의 사상은 노장사상에 근원을 두고 있다. 그는 도(道)는 곧 '허와 실이 서로 통'하는 정신적 경지이며, 도를 닦는 자가 이 경지를 계속 유지하면 '무생사(無生死)'할 수 있고 신화(神化)에 이를 수 있다고 여겼다.

[그림19] 담초, 정내련 그림

담초의 저서 『화서』는 중요한 도교 사상 저술로, 중국 사상사에서 매우 중요한 위치를 차지한다. 『화서』는 『도화(道化)』, 『술화(術化)』, 『덕화(德化)』, 『인화(仁化)』, 『식화(食化)』, 『검화(儉化)』 총 6권, 110편의 글이 있다. 당나라 말기와 오대 때는 사회가 혼란스러웠는데, 담초가 도를 닦으며 은거하였지만, 혼란스러운 세상을 바로잡고 민생의 질고를 해결하는 문제에 깊은 관심이 있었다. 그는 『화서』를 편찬하여, '육화(六化)'는 사회 폐단을 치유하고 천하태평을 이룰 수 있다고 통치자들에게 자신의 의견을 제시하였다.

『화서』에는 많은 학문 분야의 지식이 들어있다. 각 편의 글은 어떤 현상을 빌어 철학적 이치를 명확하게 밝히고 있는데 철학, 물리, 화학, 생물, 심리, 의약 등 과학 분야에 독특한 견해를 가지고 있다. 『화서』는 항상 거울의 광학 도상을 '도(道)'를 논하는 근거로 삼았다. 그중 광학 도상에 관한 기술은 주로 '사경(四鏡)'([그림20]), '형영(形影)', '이목(耳目)'[03] 등

03　『화서·형영(化書·形影)』, "한 면의 거울로 자신의 형체를 비추고 다른 거울로 이 거울

의 편에 들어있다. '사경' 편에서 담초의 투시경 도상 형성, 빛의 굴절과 반사 법칙에 관한 여러 가지 인식이 이미 상당한 과학적 수준에 이르렀음을 알 수 있다.

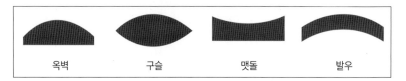

옥벽　　구슬　　맷돌　　발우

[그림20] 담초의 "사경"

에 비친 영상을 비출 때 영상은 거울 속에서 전달되는데 영상의 옷이나 모자, 장식품들이 추호의 변화도 없다."『화서·사경(四鏡)』에 '나는 늘 네 사물을 거울로 삼는다. 하나는 옥벽(玉璧)이고 다른 하나는 구슬이며 또 하나는 맷돌이고 다른 하나는 발우(钵盂)이다. 옥벽은 보기에 비교적 크고 구슬은 작아 보인다. 맷돌은 볼록하게 솟아오르고 정 가운데 있고 발우는 오목하게 들어가 비어 있는데 도치된 것이다.' 『화서·이목(耳目)』에 "육안으로 볼 수 없는 곳을 거울을 빌려 볼 수 있고 귀로 들을 수 없는 소리를 중앙이 빈 기물을 빌어 들을 수 있다."

4. 도상 과학기술의 전성기

송원(960-1368년) 시기는 중국 도상 과학기술 발전의 전성기이다. 기원후 10세기 송나라 때부터 14세기 원 제국에 이르는 400여 년의 기간에 중국의 자연과학은 번영기에 있어서 인재들이 많고 성과도 풍성하였다. 그러나 유럽은 이 시기가 바야흐로 중세의 암흑기였다. 이 시기에 중국의 많은 과학자와 장인들이 많은 과학적 발견과 기술적 발명을 내놓아 중국, 그리고 세계 과학기술사에 빛나는 한 페이지를 함께 장식하였다.

송나라 300년 동안 무력이 쇠퇴하여 여러 차례 외적에게 치욕을 당했다. 국정은 어려웠고 당파 싸움은 끊이지 않았으며 학술 분야에서는 수많은 경쟁이 있었다. 하지만, 이것으로 인해 사상계는 활발하게 되었고, 마치 춘추시대의 자유로운 사상적 교류가 되살아나는 것 같았다. 당나라부터 이어진 과학기술의 발전은 송나라에 이르러 풍성한 결실을 이루었고 도상 과학기술도 유래가 없는 발전을 보였으며 비교적 체계적인 성과를 얻게 되었다. 이를테면 심괄(沈括) 및 백과사전을 방불케하는 그의 과학기술 저서 『몽계필담(夢溪筆談)』, 조우흠(趙友欽) 및 중세의 가장 크고 가장 완벽한 광학실험을 기록한 그의 『혁상신서(革象新書)』 등이다. 송원대 사람들은 광학 도상 과학기술의 발전 외에 '도상'과 '문자'

의 관계에 관심을 가지게 되었다. 이를테면 정초(鄭樵)는 『통지략·도보략(通志略·圖譜略)』에서 '도(圖)'와 '서(書)'를 함께 논하는 문제의 중요성에 대해 집중적으로 논의하고 사물을 인식하는 문제에서 도상의 역할 등에 대하여 의견을 피력하였다.

[그림21] 그림자 인형극 유금정(劉金定)의 사위 삼기, 중국미술관 소장

송나라 때 '잉시(影戱)'[01]([그림21])가 특히 성행하였다. '잉시'는 응용광학에 속한다고 할 수 있는데, 그것은 진한(秦漢) 때 생겨났고 당나라 때 모습을 갖추었으며 송나라 때에 더욱 발전하고 보급이 확대되었다. 송나라 때의 『도성기승(都城紀勝)』에서는 영희 제작 자료의 변화 및 공연 내용을 소개하였고, 고승(高承)이 편찬한 『사물기원(事物紀原)』 권9 『박혁희희부·영희(博弈嬉戱部·影戱)』에서는 영희에 관하여 상세하고 서술하고 있다. 당시 변량(汴梁)이든 임안(臨安)이든 모두 그림자 인형으로 '삼국' 이야기나 전설 따위를 공연하였는데 사람들은 보편적으로 즐겨 관람하였다. 그리고 주밀(周密)은 『무림구사(武林舊事)』에서 남송 때 경성(京

---

01   잉시(影戱)는 그림자극(影子戱)라고도 하는데 중국 전통 민간 희곡 예술의 한 장르다. -<역자주>

城) 임안의 옛이야기를 서술할 때 전문적으로 영희업에 종사하는 사람과 조직을 기록하였는데 그 가운데 유명한 전문 공연장이 22곳이나 된다. 남자 외에 '여류왕윤경(女流王潤卿)' 등 여인들도 영희업에 몸을 담았다. 따라서 송나라 때 영희가 매우 번창하였음을 알 수 있다. 그러므로 해외의 어떤 사람이 유성 영화의 기원은 중국 영희를 비조로 삼지 않을 수 없다고 말하였다.

송나라 때 형광 물질을 사용해 그림을 그리는 것이 한때 유행하였다. 주휘(周輝)의 『청파잡지(淸波雜志)』과 석문영(釋文瑩)의 『상산야록(湘山野錄)』은 모두 형광 물질로 그림을 그리는 것에 관해 생동감 있게 묘사하고 있다. 강남의 서지악(徐知諤)은 「화우도(畵牛圖)」 그림 한 장을 얻었는데 낮에는 소가 마구간 밖에 나가 풀을 뜯고, 밤에는 스스로 마구간에 들어 엎드려 자는 그림이었다. 서지악은 이 그림을 남당의 후주(後主) 이욱(李煜)에게 헌납하였고, 이욱은 다시 송태종에게 헌납하였다. 송태종은 이 그림을 여러 대신에게 보여주었는데 그 누구도 이 그림의 비밀을 해석하지 못하였다. 이 그림이 바로 형광 물질로 그린 그림이었다. 서로 다른 형광 재료를 사용해 그림을 그렸기 때문에 주야에 따라 서로 다른 그림이 화면에 나타났던 것이다. 이렇듯 형광 재료는 예술품에서 기이한 효과를 나타냈고, 당시 사람들은 이러한 그림을 '술화(術畵)'라고 불렀다.

이 시기에는 또 많은 다른 광학 현상을 발견하였다. 이를테면 유리 제조업의 성행으로 사람들은 여러 유형의 투시경(수정 혹은 유리 재질)을 만들었다. 그만큼 사람들은 투시경이 만들어 내는 도상 지식에 대해 상당히 잘 이해하고 있었다. 수정의 분광 현상, 보석의 색채 변화 현상은 모두 이 시기 사람들이 발견한 것이다. 원나라 곽수경(郭守敬)은 또 작은 구멍이 도상을 만들어 내는 원리를 이용하여 앙의(仰儀)와 경부(景符)[02]를 발명하였다.

이 시기의 많은 서적, 특히 소설이나 중의 관련 책은 모두 도상 과학기술 지식을 묘사하는 내용이 많이 있었다.

[그림22] 소동파, 정내련 그림

[그림23] 구종석, 정내련 그림

02 앙의(仰儀)는 중국 고대의 천문 관측 기구의 일종이고, 경부(景符)는 해의 중심 위치를 측정할 때 고표(高表)의 보조 기기인데 모두 원나라 때의 천문학자인 곽수경이 설계 제조한 것이다. 앙의는 직접 투영의 방법을 채용한 관측 기구로 매우 직관적이고 편리하다. 햇빛이 중심에 있는 작은 구멍을 통과할 때 앙의의 내부 구면에는 태양의 영상이 투영된다. 관측자는 투영된 도상에 근거하여 격자에서 직접 태양의 위치를 읽어낼 수 있다. 『원사·천문지(元史·天文志)』, "경부(景符)를 제작할 때 구리 잎으로 만드는데 넓이는 두 치이고 거기에 넓이를 더한 두 잎을 더한다. 그리고 중간에 구멍 하나를 낸다. 만일 침에 먼지가 끼면 윤기가 나는 쪽을 다리로 삼고 다른 쪽은 기기의 축으로 삼아 여닫는다. 그리고 한 쪽을 고정하여 그 기세가 다른 한쪽으로 기울도록 하는데 북쪽이 높고 남쪽으로 기운다. 그리하여 (빛의) 오고 가는 것이 징검다리에 국한하도록 한다. 빛이 들게 하되 다만 낱알만큼 들게 하여 은연중에 징검다리가 보일 듯 말 듯 하다." 경부는 구멍이 도상을 만드는 원리를 이용하여 고표(高表)의 도리가 투영한 허상을 정확한 실상으로 만들어 선명하게 규표에 투사한다. 이로써 인류의 영상 측정 역사에서 가장 높은 정확도를 달성하였다.

송나라 소식([그림22])은 문학가일 뿐만 아니라 잡가이기도 하다. 소식의 『물류상감지(物類相感志)』에는 감광 화학을 언급한 기록이 있다. 감광 화학은 촬영의 기초 원리이고 도상 과학기술의 기초 중의 하나이다.

기원후 1116년 북송의 약학 학자인 구종석(寇宗奭)([그림23])은 자신이 편찬한 『본초연의(本草衍義)』에서 "보살석(菩薩石)은 햇빛이 비치면 오색의 동그란 빛을 낸다"라고 하였다. 여기서 말하고 있는 보살석은 바로 수정의 결정체 모양이고, 그것이 빛의 분산 현상이다.

남송 시기 정대창(程大昌)([그림24])의 저서 『연번로(演繁露)』에는 적지 않은 광학 지식이 들어 있다. 『연번로』 권9 『보살석(菩薩石)』에는 이렇게 적고 있다. "『양문공담원(楊文公談苑)』에서 말하기를, 가주(嘉州) 아미산(峨眉山)에 보살석이 있는데 많은 사람이 그 돌을 거두어들인다. 이 돌은 색이 맑고 옥처럼 하얘서 마치 상요(上饒)의 수정 등과 비슷하다. 햇빛이 그 돌을 비추면 오색 빛이 나는데 마치 불상의 머리 위의 둥그런 빛과 같다." 이처럼 고대 중국인들은 색이 흩어지는 현상인 분광 현상을 관찰하고 발견하였다는 것을 알 수 있다.

[그림24] 정대창, 정내련 그림

원대의 『원사·천문지(元史·天文志)』에는 구멍과 영상에 관한 기술이 있다. "표(表)가 높으면 경(景)이 허상이고 도상은 진실하지 않다." 이 말의 의미는 빛이 통과하는 구멍이 그림자가 생기는 널빤지와 거리가 멀면 보이는 도상은 허상이고, 반대로 빛이 통과하는 구멍이 그림자가 생기는 널빤지와 거리가 가까우면 그 도상은 진짜처럼 선명하다.

송나라와 원나라의 교체 시기에 가장 뚜렷한 특징은 중대한 기술 발명이 많이 생겨났고 자연과학 기술을 논한 전적들이 나왔다는 점이다. 이것은 이 시기 사람들의 도상 과학기술에 관한 관심, 탐구와 성과를 구현하고 있다. 이 시기는 중국 고대 과학기술사의 황금시대이다. 중국은 도상 과학기술의 기초인 광학에 관한 관찰과 연구가 전성기에 접어들었다. 동 시기의 유럽과 비교해 볼 때 중국의 관찰과 연구는 시기적으로 이르고 범위가 넓으며 연구의 깊이가 있고 성과도 매우 커서 세계의 선구적인 위치에 있음은 두말할 나위도 없다. 특히 중국 고대 과학자인 심괄(沈括) 및 그의 과학기술 저작인 『몽계필담(夢溪筆談)』, 정초(鄭樵) 및 그의 『통지략·도보략(通志略·圖譜略)』이 만든 도보학(圖譜學) 이론 체계, 조우흠(趙友欽) 및 그가 상세히 기재하고 있는 많은 그의 실험 설계 및 방법을 담은 『혁상신서(革象新書)』는 중국 고대 과학기술이 중국 역사와 당시 세계 역사의 정상에 도달하고 있음을 대변하는 대표 인물 및 작품들이다.

심괄 및 그의 『몽계필담(夢溪筆談)』

심괄(1081~1095년)(그림25)은 자는 존중(存中)이고 절강 전당(錢塘, 오늘의 항저우(杭州)) 사람이다. 북송 때의 탁월한 과학자이고 정치 활동가이다. 심괄은 정부 관리의 가정에서 태어났고 어려서부터 독서를 즐겼다. 어머니의 가르침 속에서 14세에 이미 집에서 소장하고 있던 책을 모두 읽었다. 또 아버지가 외지에 부임하자 그는 아버지를 따라 많은 곳을 다니면서 견문을 넓히었다. 심괄은 박식하고 재능이 많아서 그의 연구 영역이 여러 분야에 걸쳐 있으며 많은 성과를 거두었고 그것이 어떤 과학기술 영역에 국한되지 않았다. 심괄은 천문 역법(曆法), 기상, 수학, 물리, 화학, 생물, 지리, 건축, 농예(農藝), 공정, 의약, 점괘 등에 모두 조예가 깊었다. 그는 자연과학의 거의 모든 영역에 모두 실적을 쌓았고 뛰어난 재능을 드러냈다. 심괄은 중국, 심지어 세계에서도 보기 드문 과학기술 통재(通才)이다. 영국 옥스퍼드대학교의 저명한 과학기술사 학자인 Joseph Terence Montgomery Needham은 심괄의 치밀하고 민첩한 사유에 경탄을 금치 못하였다. 그는 『중국과학기술사』에서 이렇게 단언하고 있다. "심괄의 『몽계필담』은 이러한 유형(필기)의 문헌 중의 대표작이다. 그는 중국 전체의 과학기술사에서 가장 탁월한 인물일 것이다."[03] 1979년 국제적으로 심괄의 이름으로 샛별을 명명하였다. 심괄의 탁월한 공헌은 세계 과학기술사에 기록되었다.

　『몽계필담』은 심괄의 필기서인데 이 책은 약 1086~1093년에 완성하였다. 이 책은 백과사전으로 내용이 풍부하고 자료가 믿을 만하다. 내용은 천문, 수학, 지질, 지리, 기상, 물리, 화학, 생물, 농학, 의약학, 인쇄, 기계, 수리(水利), 건축, 광산 야금 등 여러 분야를 모두 포함하고 있다. 그는 다양한 학술 분야에 대해 모두 정확하고 명철한 생각을 하고

03　Joseph Terence Montgomery Needham(영), 『중국과학기술사』 제1권, 140쪽, 상해: 과학기술출판사, 상해고적출판사, 1990.

있었다. 이 책은 중국 고대의 자연과학 기술 발전이 북송 시기에 거둔 빛나는 성과를 집약적으로 반영하고 있다. 그만큼 이 책은 풍부한 학술 가치와 역사적 가치를 가지고 있다. 『몽계필담』에서 기술하고 있는 많은 과학기술의 성과는 모두 당시 세계 최고 수준에 이르렀다. 중국은 물론이고 세계 과학기술사에도 매우 높은 명성을 가지고 있다. 이 책은 '중국 과학기술 사상의 이정표'로 불리고 있다.

[그림25] 심괄, 정내련 그림

심괄이 『몽계필담』에서 기술하는 광학지식은 매우 풍부하고 다양하다. 그는 도상과 형상의 형성을 더욱 큰 사회적 범위에서 이해하고 해석하였는데 그의 견해가 전면적이고 깊이가 있으며 관점이 매우 독특하다. 그의 수많은 관찰, 서술, 실험은 당시 세계에서 선두를 차지하였다. 심괄은 이전 시기의 과학기술 성과를 종합하였을 뿐만 아니라 빛의 직선 전파, 오목렌즈의 형상 형성, 볼록렌즈의 확대와 축소의 역할,

투시경에 관한 탐구, 무지개에 관한 연구, 형광 물질의 숨김과 드러남[04] 등은 모두 자신이 직접 관찰하고 실험한 근거를 바탕으로 견해를 제시한 것이다.

심괄은 빛이 직선으로 전파하는 성질을 설명하기 위하여 '솔개의 그림자가 창틈에 잡히는' 실험을 진행하였다. 그는 종이창에 작은 구멍을 내어 창밖의 날아가는 새 혹은 누각이나 탑의 그림자가 실내의 종이 병풍 위에 생기게 하였다. '솔개 그림자가 창틈에 제한받는' 것은 작은 구멍에 의해 영상이 잡히는 현상이다. ([그림26]) 심괄은 이른바 산술가의 '격술(格術)'을 이용하여 작은 구멍이 만들어 내는 형상의 원리를 해석하였다. 이처럼 작은 구멍과 오목렌즈가 형상을 만드는 원리를 해석한 것은 '격술광학(格術光學)'이라는 광학의 새로운 영역을 개척한 것이다. 이 실험에서 솔개는 사물이고 그림자는 사물의 형상이다. 사물이 내는 빛은 직선으로 앞을 향하고 모두 작은 구멍을 통과한다. 그러므로 사물이 동쪽으로 향하면 형상은 서쪽으로 향하고, 사물이 서쪽으로 향하면

---

04 심괄(송), 『몽계필담』, 상해: 상해서점출판사, 2003, 179쪽. "노중보(盧中甫)는 오중에 사는데 어느날 날이 밝기 전에 일어났다. 일어나 보니 벽기둥 아래 뭔가 반짝이는 물건을 발견하게 되었다. 가까이 다가가 보니 그 물건은 마치 물처럼 흐르는 것이었다. 그리하여 급히 기름종이 부채로 그것을 퍼 올렸다. 그런데 그 물건은 부채에서 흔들리는데 마치 수은처럼 빛을 내었다. 다시 촛불을 가져 비춰보니 아무 것도 없었다. 이외에 위(魏)나라 장공주 집에서도 이러한 물건을 발견하였다. 이평(李評) 단련사(團練使)가 나에게 그 일을 얘기한 적 있는데 노중보 집에서 본 것과 완전히 같았다. 참 모를 괴이한 현상이었다. 난 예전에 해주(海州)에 있을 때 밤에 소금에 절인 오리알을 삶은 적이 있는데 그 중 하나가 빛을 내는데 알 전체가 옥처럼 투명하였다. 영롱한 빛은 온 집 안을 환하게 비추었다. 다시 그것을 그릇에 담아 두었는데 십 여일이 지나자 섞어 거의 형체가 보이지 않았다. 그렇지만 더욱 밝고 빛을 그치지 않고 발하였다. 소주(蘇州) 전(錢)씨 승려의 아내가 오리알을 삶았는데 역시 같았다. 이렇게 유사한 현상을 내보이는 물건은 필히 같은 유에 속하는 물건일 것이다."

형상은 동쪽으로 향한다. 광선(光線)은 배를 젓는 노와 같고 작은 구멍은 노를 받치는 받침대와 같다. 받침점이 움직이지 않으면 수미는 서로 반대되는 방향으로 움직인다.[05] 그는 이와 같은 실험을 근거로 사물, 구멍, 도상 삼자 간의 직선 관계를 정확하게 지적하였다.

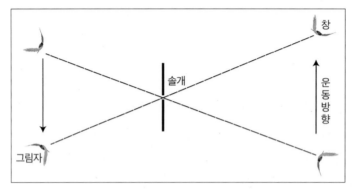

[그림26] 작은 구멍이 도상을 만드는 원리도

『몽계필담』은 『묵경』을 이어 다시 한번 '탑과 그림자의 도치' 현상을 정확하고 예리하게 밝혀냈다. 심괄은 과학기술의 관점으로 광학이 도상을 형성하는 기본 원리를 해석하였다. '탑과 그림자 도치 현상'은 앞

---

05   심괄(송), 『몽계필담』, 상해: 상해서점출판사, 2003, 15쪽. "양수(陽燧)로 물체를 비추면 그 물체는 모두 거꾸로 선 영상인데 기것은 중앙에 장애가 있기 때문이다. 산학가(算學家)는 이를 '격술(格術)'이라고 불렀다. 예를 들면 사람이 노를 저을 때 받침대 역할을 하는 작은 말목은 곧 노를 저애하는 장애물이 되는 것과 같다. 매가 공중을 비행할 때 매이 그림자가 매의 비상에 따라 움직이는 것과 같다. 만일 매와 그림자 사이의 광선이 창 구멍의 구속을 받는다면 그림자와 매의 비행 방향은 서로 상반된다. 또 창 구멍을 통과하는 탑의 그림자가 그 사이의 빛이 창 구멍의 구속을 받을 때 영상은 역시 거꾸로 드리운다. 양수의 거울 면이 오목하게 꺼진 것과 같다."

에서 서술한 작은 구멍이 도상을 만든 결과라고 생각하였다.[06]

『몽계필담』에서 양수(陽燧) 초점에 관한 논의, 초점을 통과한 여러 광선의 선로 문제, '투시경'에 대한 기계 원리 및 그것의 공예에 관한 기술, 평면거울과 볼록렌즈가 도상을 형성하는 것에 대한 해석, 무지개의 색채 분산에 대한 논의, 유막이 색채를 간섭하고 색채가 넘쳐흐르는 것에 대한 논의, 냉광(冷光)에 대한 묘사 등은 모두 과학기술사에 매우 가치 있는 문헌이다. 이처럼 『몽계필담』은 광학 과학 발전에 매우 중요한 성과를 거두었고 추진 역할을 하였다.

[그림27] 무지개

대기 광학 분야에서 심괄은 현장에서 관찰한 무지개([그림27]) 현상을

---

06   심괄(송), 『몽계필담』, 상해: 상해서점출판사, 2003, 16쪽. "『유양잡조(酉陽雜俎)』에서 '바다물이 뒤집어져 탑 그림자가 도치된다'고 하였는데 이는 망령된 말이다. 그림 자가 창틈을 새어 나와 도치되는 것은 상식적 도리이다."

상세하게 기록하였다. 그는 무지개가 나타나는 조건으로 '비가 그친 뒤 다시 날이 갤 것', 무지개가 나타나는 방위는 '해와 마주할 것'이고 무지개를 관찰하는 방향은 '해를 등질 것'이다. 그리고 무지개가 생기는 원인은 '무지개가 빗속 해의 그림자'[07]라고 해석하였다. 이 관점은 영국의 베이컨(기원 후1214~1294)의 무지개에 대한 해석보다 200여 년 앞섰다.

[그림28] 신기루

심괄은 『몽계필담』에서 신기루([그림28]) 현상에 관해서도 기록하고 있다. 신기루를 신경(蜃景)이라고도 하는데 흥미로운 대기 광학 현상이

---

07   심괄(송), 『몽계필담』, 상해: 상해서점출판사, 2003, 177쪽. "비가 그친 뒤 무지개는
      장막이 내리는 산골이나 물 사이에 나타난다. ……서쪽에서 바라보면 동쪽에서 나
      타난다. (모두 석양 무지개이다) 산골짜기 동쪽에 서서 서쪽을 바라보면 햇빛 때문에
      아무것도 보이지 않는다." ……손언선(孫彦先)은 말한다. "무지개는 빗속 해의 그림
      자로 해가 비를 비추면 생겨난다."

다. 신기루는 바다나 사막에서 흔히 볼 수 있다. 심괄은 현지의 노인을 만나서 사실적인 내용을 기록하였다. 그곳 사람들이 '수레, 말, 사람과 가축의 소리를 일일이 식별할 수 있는' 현상에 대해 이런 소리들은 결코 '한밤중에 귀신이 하늘을 날아다니는 것'이 아니라고 과학적으로 해석하였다. 이러한 관점은 심괄이 치밀하고 신중한 과학자로서 현지 조사를 중요시하고 소문에 흔들리지 않는 실사구시적인 과학 정신을 갖고 있음을 말해준다.

심괄은 『몽계필담』에서 활자 인쇄술에 관해 상세하게 기재하고 있다. 이것은 중국이 인쇄술을 발명하고 발전하게 만든 중요한 사료이며, 도상 과학기술 발전의 중요한 사료이다. 수나라와 당나라 교체 시기(7세기 전후) 중국은 이미 조판 인쇄술이 출현하였지만, 아직 불상, 경문과 주문, 역서 등에 머물렀다. 지금 세계에서 발견된 시기가 분명한 최초의 조판 인쇄 서적은 1990년 간쑤(甘肅)성 둔황현 천불동(千佛洞)에서 발견한 장서 중 조판으로 인쇄한 『금강경』한 권이다. 그 책의 끝부분에 '함통(咸通) 9년 4월 15일 왕개(王玠)위(爲)이친(二親)경조(敬造)'라는 문구가 있다. '함통9년'이 바로 기원후 868년으로 중국 당나라 시기이다.[08] 서적의 제일 앞쪽은 한 폭의 삽화인데 석가모니가 기타림(祇陀林)의 고독원(孤獨園-고대 거두어 줄 사람이 없는 노인과 고아를 맡아주는 기구-역자주)에서 설법하는 정경을 그린 것이고, 나머지 부분은 인쇄한 『금강경』전문이다. 『몽계필담』에서 "당나라 사람들은 아직도 서적을 목판으로 대량 인

---

08   카터(미), 오택염(吳澤炎) 역, 『중국인쇄술의 발명과 그의 서전(西傳)』, 상무인서관, 1957년 제1판, 1991년 4차 인쇄, 제8장 「가장 일찍한 조각판서-함통구년금강경」. 『금강경』은 현재 영국박물관에 소장됨.

쇄하지 않았다. 풍영왕(馮瀛王)이 오경을 인쇄하기 시작한 후 그 이후의 전적들은 모두 목판본이다. 경력(慶曆) 중기 포의(布衣) 필승(畢昇)이 활자판으로 인쇄하였다.”[09]라고 기술하고 있다. 조판 인쇄는 도상 기구를 활용한 복제 기술의 새로운 발전이다. 조판으로 서적을 인쇄하는 현상은 당나라에 이미 있었지만 성행하지 않았다. 심괄이 살던 북송 시기에 조판 인쇄가 전성기에 들어섰다. ‘포의’ 필승은 이때 또 활자 인쇄술을 발명하였다. 인쇄술은 기구로 도상을 복제하는 기술의 비약적인 발전으로, 중국이 세계 문화에 이바지한 중대한 공헌이다. 인쇄술이 유럽으로 전해진 후 유럽은 르네상스와 종교 개혁에 박차를 가했다. 인쇄술은 중국, 유럽 나아가 세계 문화 발전에 깊은 영향을 주었고, 인류 역사상 위대한 발명 중의 하나가 되었다.

정초(鄭樵)와 그의『통지략·도보략』

정초(1104~1162년)([그림29])는 자가 어중(漁仲)이고 흥화군(興化軍) 포전(莆田)(지금의 푸젠성 푸톈(莆田)) 사람으로, 남송 시기의 역사학자이자 서지학자이다. 정초는 선비 가문에서 태어나 어려서부터 비교적 좋은 가정교육을 받았다. 그는 평생 과거시험에 응하지 않고 고금의 서적을 두루 섭렵하겠다고 맹세하였으며 30년 동안 열심히 공부하였다. 그는 평생 학술연구에 몸을 바쳤는데 경학, 예악의 학문, 언어학, 자연과학, 문헌학, 역사학 등 분야에서 모두 상당한 성과를 거두었다.

---

09   심괄(송), <몽계필담>, 상해: 상해서점출판사, 2003, 153쪽.

[그림29] 정초, 정내련 그림

　정초의 대표작 『통지(通志)』는 여러 분야의 지식을 망라한 거작으로 모두 200권에 이른다. 저서는 전(傳), 보(譜), 약(略) 세 부분으로 나누어지는데, 그중 '이십략(二十略)'은 52권으로 모든 내용이 이 책의 정수이다. 『통지』 초고는 1152년에 완성되었는데 세계 최초의 백과사전이라고 할 수 있다. 중국은 자고로 '도경서위(圖經書緯)'라는 설법이 있는데 이것은 서적과 그림은 상호 보완적 관계에 있음을 말한다. 그러나 후세 사람들은 흔히 서적만을 중요시하고 그림은 홀대하였다. 『통지략·도보략』에서 정초는 사물을 인식하는 데에 도상학의 역할에 관해 상세하게 서술하였다. 그는 학습, 인지, 기록, 설명, 해석 등에서 '도상'과 '문자' 간 상호 보완의 필요성과 중요성을 논의하면서 배움의 '요의(要義)'는 그림과 서적을 같이 보고 읽는 것이라고 주장하였다. 그 가운데서 「색상(索象)」, 「원학(原學)」, 「명용(明用)」의 전문 제목 세 가지를 설정하여 그림과 서적의 관계를 설명하였고, 「기유(記有)」는 당시에 존재하던 그림의 계보를 기록하였으며, 「기무(記無)」에서는 당시에 이미 소실된 그림의 계보에 관해 기록하였다. '기유'와 '기무'는 각종 그림 모양, 그림 계보를 기록하고 있는데 모두 381쪽이다.

정초는 치밀한 논리와 생동감 넘치는 필치로 그림 계보의 역할, 가치와 의의에 대해 심도 있게 기술하였고, 그림 계보학의 이론 체계를 수립하였다. 이것은 중국 고대 도상학의 인식 기능에 관한 첫 번째 모음집이자 세계 최초 도상학 연구의 체계적 이론이기도 하다. 정초의 도상학 사상은 후세에 도상 계보에 관한 과학기술 전문 저서가 대량으로 만들어지는 사상적 기초를 마련하였고 동시에 도상 계보학의 역사적 지위를 확립하였다.

아래에서 「색상」, 「원학」, 「명용」 세 편의 내용을 인용하고 간단하게 해석하고자 한다. 이로써 세계적인 대과학자에 대한 필자의 경의를 표하고 독자들에게 독서의 향연도 제공하고자 한다.

[원문] 색상(索象)

황하에 그림이 있어 천지간에 자연의 도상이 있게 되었고 낙수에 글이 있어 천지간에 자연의 도리가 있게 되었다. 천지간의 이 두 사물을 성인이 받으니, 모든 조대(朝代)의 문물제도는 반드시 이 법칙을 따라야지 소홀해서는 안 된다. 그림은 마치 직기의 종선 같고 글은 마치 직기의 횡선 같다. 종횡으로 서로 뒤섞여 얽혀야 천을 짤 수 있다. 그림을 정적인 것이라고 한다면 글은 바로 동적인 것이다. 정적인 것과 동적인 것이 서로 어울려야 자연계는 변화 무쌍할 수 있다. 글만 있고 그림이 없다면 마치 소리만 들리고 사람의 그림자는 볼 수 없는 것과 마찬가지이며, 그림만 보고 글을 보지 않는다면 마치 사람의 그림자만 보고 소리는 듣지 않는 것과 같다. 그림은 매우 간략하고 글은 매우 넓고 복잡하다. 그러므로 그림을 통하면 쉽게 이해할 수 있지만 글만 보고는 이해하기가 매우 어렵다. 옛날 선비들은 책을 읽을 때 원칙이 있었는데 즉 그림은 왼쪽에 두고 글은 오른쪽에 두었던 것이다. 그림에서 형상을 얻고 글에서 도리를 터득하였다. 그러므로 옛날 사람들은 매우 간단하고도 편리하게 공부하였고 학문적으로도 매우 쉽게 성공할 수 있었다. 이러한 학습법을 널리 시행하는 것은 곧 좌계(左契)를 손에 가진 것과 같다. 후에 와서 선비들은 그림과 글을 분리하여 언어를 숭상하면서 해설에만 힘을 쏟았다. 그러므로 사람들은 학문을 하기 힘들었고 성공하기도 어려웠다. 비록 평상시에는 많은 글을 읽었지만 진정 어떤 일을 하자면 눈앞이 캄캄하여 어쩔 바를 몰라했다. 진나라 사람들은 비록 유학(儒學)은 버렸지만, 도서는 버리지 않았다. 그뿐만 아니라 그것을 나라를 다스리는 도구로 삼아 하루도 없어서는 안 되었다. 소하(蕭何)는 천하를 빼앗기는 쉽지만, 그것을 지키기는 힘들다는 점을 알고 있었다. 그리하여 사람들이 서로 쟁탈을 다그칠 때 그는 어떻게 하면 함양에 들어가 먼저 진나라의 도서를 얻을 것인가를 자신의 책략으로 삼았다. 전쟁이 끝나고 문물들을 모두 얻은 이후 소하는 법률, 법령들을 정리하였다. 한신(韓信)은 군법을 신장하고, 장창(張蒼)은 역법과 도량형 장정을 제정하였으며, 숙손(叔孫)은 규정과 예의에 밝았다. 한고조는 말 잔등 위에서 천하를 얻었다고 인정하였다. 그런데 한낱 무사(武士)에 불과한 이들이 어찌 <시>, <서>가 무엇인지 알 수 있었으랴? 그리고 이러한 제후들은 스승이나 유생처럼 고금을 익히 알고 있지도 못하였다. 만약 그림과 글이 없어 사물에 대하여 잘 알지 못한다면 그 시대의 문물제도는 쉽게 정할 수 없는 것이었다. 그리고 당시 아직도 진나라와 한나라 시기의 협서령(挾書令)을 폐지하지 않아 방 안의 벽에 쌓아 둔 장서들을 마음대로 사용할 수 없었다. 그럴진대 이른바 책을 가지고 있는 사람이 또 얼마나 있었으랴? 그러므로 누구나 할 것 없이 그림을 따라 모방한 것이다. 후세에 서적이 많아지고 유생도 매우 많게 되었다. 그리하여 왕실의 의식을 토론할 때 의논이 분분하여 구체 과정을 정하기가 매우 어려웠다. 그뿐만 아니라 그들은 안일한 생활을 욕심내고 허송세월하면서 이런저런 주장들을 한 것이었다. 그러므로 어떤 수확이 있더라도 일 곡(斛)에 낟알 한 알 얻은 것으로 고생한 만큼 수확하지 못하였다. 무엇 때문일까? 향수만을 욕심낸 죄를 하느님마저 잘 알고 있다. 한나라 초기 전적들은 질서가 없었다. 그리하여 유향(劉向), 유흠(劉歆) 부자는 많은 서적을 교정하고 정리하여 분류할 것을 주장하면서 서적을「칠략(七略)」으로 분류하여 서적만 수록하고 도상은 수록하지 않았다.「예문(藝文)」목록이 후세에 전승되면서 왕실의 장서관인 천록(天祿), 한나라 궁중 장서관 난대(蘭臺)와 삼관사고(三館四庫)는 모두 장서만이 있을 뿐이었다. 그리하여 소하(蕭何)의 그림은 결국 사라지고 말았다. 이 시기에 이르러 도상은 날로 쇠퇴하였지만, 장서는 날이 갈수록 많아졌다. 다만 무관 벼슬을 하던 임굉(任宏)이 병서를 정리하여 네 종류로 분류하였는데 53가(家)의 병서와 43권의 도상을『칠략』에 실었는데 이 점은 기타 사람과 달랐다. 남조(南朝) 유송(劉宋) 시기 대량의 서적들은 질서가 없었다. 그리하여 왕검(王儉)은『칠지(七志)』를 펴냈는데 그 가운데서 육지는 서적을 수록하고 일지는 전문 도감을 수록하여『도보지(圖譜志)』라 하였다. 전문적 서적이 있으면 전문 학문이 있게 되고 전문 학문이 있으면 그 학문은 곧 전승하게 되고 서적도 줄곧 계승되어 지속할 것이다. 임굉의『칠략』에 비해 유흠은 내용이 넓지 못하고 왕검의『칠지』를 완효서(阮孝緖)는 전승시키지 못하였다. 완효서는『칠록(七錄)』을 작성하였는데 여러 흩어 존재하는 도상을 부록(部錄)에 귀속시키고 잡다한 도감을 기주(記注)에 귀속시켰는데 도상과 도감을 서로 분리한 것이다. 이렇게 수록한 책은 마치 전장에서 군사를 지휘하듯이 한데 모이면 매우 튼튼하지만 일단 흩어지면 쉽게 망하고 말 것이며 소작 조세를 받는 것처럼 한곳에 모으면 많게 되지만 흩어지면 쉽게 모자라게 된다. 임굉의 설법에 따르면 도상과 서적은 거의 같다. 왕검이『칠지』를 펼쳤는데 도보지는 칠지 중 하나이고 완효서는『칠록』에서 비록 도상은 수록하지 않았지만 총체적 기록이 있는데 그 중 내편(內篇)에는 770권의 도상이 들어있고 외편에 백 권이 있다. 수 나라에 이르러 고금중외의 서적들을 많이 저장하고 있었지만, 체계적인 도감은 없었다. 이때부터 도감은 규칙이 없어지고 말았다. 우(虞), 하(夏), 상(商), 주(周), 진(秦), 한(漢) 시대의 서적들은 모두 남아 있지만 도상은 전승되지 못하였다. 도상은 지속적으로 내려오지 못하였지만, 서적은 갈수록 많아졌다. 그리하여 학자들은 성취를 거두기 힘들었다. 천하의 천만 가지 사물에 관한 전적의 기록 자료를 후세 사람들이 이해하자면 반드시 도상과 문자의 도움을 받아야 하며 큰일을 이루고 학문이 실제 생활에 쓸모가 있자면 반드시 문자와 도상이 있어야 한다. 그리하여『도보략』을 만든다.

[해설]

「색상」편에서 정초는 왜 도감략을 만드는지를 해석하고 있다.

이른바 '색상'이란 실물의 도감에 관해 연구하고 탐구하며 문헌 자료와 서로 대조하며 증명하는 것이다. 이 글의 '변장학술(辯章學術)'은 그 뿌리를 찾아 과거로 거슬러 올라가고 있다. 우선 글에서는 '황하에 도상이 있어 천지에 자연의 상(象)이 있고 낙수에 '서(書)'가 있어 천지에 자연의 이치가 있게 되었다. 천지에 이 두 물체가 있어 성인을 가르친다. 그리하여 대대손손 헌장은 반드시 여기에 근본을 두어야지 어느 쪽으로 기울거나 폐지해서는 안 된다.'라고 지적하고 있다. 정초는 도상 계보의 근원을 '하도(河圖)'에 두고 있다. 당시의 역사 기록에 따르면 '하도'는 5천 년 전 복희씨(伏羲)가 얻고 그것을 따라 팔괘를 그려내었다. 그리고 '낙서(洛書)'는 대우(大禹)가 발견한 것이다. 비록 당시의 역사 기록이 그리 확실한 것은 아니지만 그림과 문자가 어느 것이 먼저 생겨나고 어느 것이 후에 생겨난 것인지에 대한 대략적인 상황에 맞다. 그림은 이미 사람들이 정보를 전달하는 수단으로 생겨난 것이다.

정초는 이어 서로 다른 관점과 서로 다른 측면에서 '도보(圖譜)'의 중요성에 대해 해석하고 기술하고 있다. 그는 "옛날 학자들은 배움에 있어 요령이 있었는데 왼쪽에는 그림을 두고 오른쪽에는 글을 두었다. 그 모양은 그림에서 찾고 그 이치는 글에서 찾았다. 그리하여 사람들은 쉽게 배우고 또 배움에 쉽게 성공하였다. 그림을 떠나면 곧 글을 떠나는 것임에 글의 사상은 말할 필요도 없거니와 사람들은 배우기에 힘들고 배움에 성공하기도 어렵다."라고 말한다. 또 "그림은 간략한 지식에 다다를 수 있고 글은 넓은 지식에 다다를 수 있다. 즉 그림으로 쉽게 약정한 바에 이르고 글로 어려운 것을 배울 수 있다."라고 말한다.

정초는 이렇듯 정반 두 측면에서 '위학(爲學)'에서 도감의 중요한 의의와 역할에 관해 설명하고 있고, '그림으로 쉽게 배울 수 있는' 원인을 설명하고 있다.

정초는 특히 "진(秦)나라가 비록 유학을 버렸지만, 도서는 버리지 않았다. 그것을 나라를 위하는 도구로 공경하여 하루도 없어서는 안 되었다."라고 강조하고 있다. 또 "천하의 일이란 실천을 권장하지 않고 이론에 힘쓰지만 그림이 없어서는 안 된다. 천하의 일을 이루자면 도감 없이 세상에서 행할 수 없다"라고 말한다. 이렇듯 '치국평천하'에서 도감역시 없어서는 안 되는 것임을 설명하고 있다. 그리고 이 점을 역사상의 사실을 예로 들어 증명하고 있다. 초나라와 한나라가 패권을 다툴때 소하(蕭何)는 함양(咸陽)에 입성하자 바로 '먼저 진나라 도서를 빼앗았다.' 유방(劉邦) 등 사람들은 "만일 그림과 글이 없어 손바닥에 놓고 똑똑히 볼 수 없었다면 일대의 전적을 쉽게 이해할 수 없었을 것이다. 그러나 당시 협서령(挾書之律)을 폐지하지 않아 방안의 벽에 쌓아 둔 장서를 이용할 수가 없었다. 그럴진대 이른바 책을 가지고 있는 사람이 얼마나 되었으랴? 그러므로 사람들은 그림을 따라 모방할 따름이었다." 바로 정초가 「연보서(年譜序)」에서 말하듯이 "천하를 위하는 자는 글이 없어서는 안 되고 글을 배우는 자는 도보가 없어서는 안 된다. 그림은 상을 그리고 보(譜)는 계통을 드러낸다. 그림이 있어 원근을 세밀하게 알 수 있고 보가 있어 고금을 통찰할 수 있다." 동시에 그는 그림도 문자와 같이 일종의 '언어'임을 알고 있었다. 오늘에 이르러 현대 정보론의 관점을 따르면 모든 그림은 모두 정보를 전달하는 그릇, 즉 도형(圖形) 정보이다. 그림은 인류 사회와 과학기술이 발전하면서 언어 문자가 대체할 수 없는 거대한 역할을 하였지만, 그림이 문자보다 직관성이 더욱 뛰어나다.

정초는 또 일련의 형상적이면서도 적절한 비유로 '그림'과 '글'의 관계를 설명하였다. 글만 보이고 그림이 없다면 '소리만 들리고 그 형상은 안 보이는 것'이고, '그림만 보이고 글은 없는 것'은 사람만 보이고 말소리를 못 듣는 것과 마찬가지다. 정초는 이렇듯 매우 생동감 있게 양자 간 긴밀한 불가분의 관계를 제시하고 있다. 정초는 또 "그림을 경선(經線)이라고 한다면 글은 위선(緯線)이다. 경위선이 서로 교차하여 문장이 된다."라고 지적하며 '그림'과 '글'은 상호 보완적 관계로 어느 하나로 기울어져서는 안 된다는 점을 강조하고 있다. 또 "그림을 식물이라고 한다면 글은 동물이다. 하나는 동적이고 하나는 정적인 것으로 상호 작용하여 변화를 일으킨다"라고 말한다. 역시 양자의 상호 보완적 관계를 지적하고 있다. 정초는 반박할 수 없는 철학적 이치로 도감의 작용과 중요성에 대하여 전면적이고 체계적으로 결론짓고 있다. 정초의 이러한 주장은 송나라 이전의 '글만 알고 그림을 모르는' 학술 풍조를 타파한 것으로, 후에 도상학 관련 전문 서적이 대량으로 출현할 수 있는 사상적 기틀을 마련하였다.

정초는 도상과 글의 상호 관계를 논증하였는데 이것을 역사적으로 '좌도우서(左圖右書)'라고 부르는데, '형상을 그림에서 얻고 이치는 글에서 얻는다'라는 관점은 고금의 학자들이 학문을 연구하고 역사를 배우는 중요한 방법이 되었다. 그런데 옛날 사람들은 책자들을 모을 때 글만 중요시하고 그림은 버렸다. 정초는 『통지·도보략』에서 옛사람들이

'도보(圖譜)'를 대하는 태도에 대하여 품평하며 전문 도감을 수집하고 칭찬을 아끼지 않았다. 그는 완효서(阮孝緒)가 『칠록(七綠)』에서 비록 '글'과 '도'를 모두 수록하고 있지만 '도보(圖譜)'를 서로 분리하여 수록하는 점에 대하여 부정적인 태도를 내비치고 있다. 그러나 어떤 때는 옛사람에 대해 너무 각박하게 요구하면서 어떤 말들은 과격한 점이 없지 않다. 이를테면 "싸움에만 열중한 무사들이 어찌 <시>와 <서>가 무엇인지 알 수 있으랴?"라는 견해이다. 비록 이렇기는 하지만 정초의 성취와 공헌을 부정해서는 안 된다.

[원문] 원학(原學)

무엇 때문에 삼대(三代) 전의 학술은 면밀하고도 뛰어났는데 삼대 후의 학술은 이렇게 되었는가? 한나라 시기는 미미한 유풍이 있었는데 위(魏), 진(晉) 이래 학술은 날로 쇠락했다. 이것은 결코 후세 사람들이 공을 들이는 정도가 예전 사람에 미치지 못하는 것은 아니지만 후세 사람들의 학술은 확실히 예전 사람에 미치지 못한다. 후세의 학술이 예전 사람에 미치지 못하는 원인은 대체로 두 가지가 있다. 하나는 의리지학(義理之學)이고, 다른 하나는 사장지학(辭章之學)이다. 의리의 학문은 상대를 비난하는 것을 숭상하고 사장의 학문은 꾸미는 것에 힘쓴다. 의리의 학문에 빠진 사람들은 잘 꾸미는 사람들이 사물의 근원에 다가갈 수 없다고 생각하고, 사장의 학문을 닦는 사람들은 의리를 숭상하는 사람들이 문장의 멋이 없다고 여긴다. 한마디로 말하자면 수사(修辭)는 비록 풍부하지만 마치 아침노을이나 저녁 석양처럼 다만 사람들의 이목을 어지럽힐 뿐이고, 의리는 비록 심오하지만 텅 빈 골짜기에서 소리를 찾는 것처럼 그 끝이 없다. 의리와 사장은 방법은 다르나 결과는 같다. 양자는 모두 언어의 지엽적인 부분에 상당한 것으로 실용적인 학문이라고 할 수 없다. 그러므로 학술이 삼대에까지 전해 내려오지 못하였다. 또 한나라 때보다 못한 것도 다 이유가 있다. 도보학이 전승되지 못하면 실용적인 학문은 사실에서 벗어나 쓸모없는 문자에 그치고 만다. 물론 그중 비바람 속에서도 우뚝 서서 이겨낸 사람이 없지 않다. 그러나 한 왕조에 다만 한두 사람만 있을 뿐이다. 그러나 이들이야말로 그 시대의 제도와 문물이나 법도와 기강의 맹주이다. 그러나 물품이 희소하면 그 가격이 높아지고 사람이 적으면 세인들은 알아보지 못한다. 세상에 도보가 없으니 사람들이 도보학도 알 리가 없었다. 장화(張華)는 진(晉)나라 사람인데 한나라 때 왕족이다. 그는 천만 대중의 문의에 막힘없이 신속하게 답하여 당시 사람들은 모두 그를 박학다식한 인재라고 존경하였다. 장화는 물론 잡다한 사물들을 잘 알고 있었다. 그러나 이것은 결코 그가 잡다한 사물을 직접 보고 장악한 결과가 아니고 한나라 궁실의 도보를 보았기 때문이다. 무평일(武平一)은 당나라 사람인데 노삼항(魯三恒, 즉 노나라 경대부 맹손씨(孟孫氏), 숙손씨(叔孫氏)와 계손씨(季孫氏)임-역자주)과 정칠목(鄭七穆, 춘추 시기 정나라의 일곱 경대부 가족을 가리키는 데 구체적으로 사씨(駟氏), 한씨(罕氏), 국씨(國氏), 양씨(良氏), 인씨(印氏), 유씨(游氏), 풍씨(豊氏)로 그들은 모두 정목공(鄭穆公)의 후대임-역자 주)과 『춘추』 계열의 내용을 물으면 한 군데도 빠짐없이 대답하여 당시 사람들은 모두 그가 『춘추』를 통달하였다고 존경하였다. 무평일이 비록 『춘추』를 잘 알고 있었지만, 결코 『춘추』를 보고 아는 것이 아니라『춘추세족보(春秋世族譜)』를 보았기 때문에 잘 아는 것이다. 만일 장화에게 그림을 못 보게 하였다면 그는 비록 한나라 사람이 쓴 글을 모두 읽었더라도 전 왕조 궁실의 출처를 알지 못하였고, 무평일이 세족보를 보지 못했다면 그가 비록『춘추』를 패인 기왓장에 빗물이 흘러 쌓이듯 속도가 매우 빠르게 외울 수 있었지만, 고대 씨족의 시말을 알지는 못하였을 것이다. 당시의 저자와 후세의 사관들이 모두 그 학문의 근원을 알지 못하였는데 하물며 일반 사람들이야 더욱 알 리가 만무하였다. 나도 전에는 몰랐었다. 후에 양전기(楊佺期)의 『낙경도(洛京圖)』를 보고서야 장화가 천만 사물을 아는 이유를 깨달았고, 두예(杜預)의『공자보(公子譜)』를 보고서야 무평일이 유창하게 답할 수 있는 까닭을 알았다. 그러므로 도보학을 알수록 학문은 더 커진다. 소하(蕭何)는 도필리(刀筆吏)(옛날의 소송 대리인-역자 주)로 한나라(동한東漢) 시기 헌장의 유래를 잘 알고 있었고 유흠(劉歆)과 유향(劉向)은 모두 대유(大儒)였지만 부자간에 별로 중요하지 않은 말을 두고 서로 다투면서 자그마한 득실만을 따졌기에 그들은 학술의 큰 부분을 잃고 말았다. 소하는 어떻게 나라가 세워질 때 진나라의 전적을 수집할 수 있었는가? 그런데 유음과 유향은 무엇 때문에 천하가 태평할 때 소하의 전적을 전승하지 못하였는가? 이것은 그들이 서로 다른 것에 주의를 기울였기 때문이다. 사슴을 쫓는 사람은 모든 정신이 사슴에게 집중되었기 때문에 산의 존재를 잊고 있고, 고기를 잡는 사람은 모든 정신이 고기에만 집중되었기 때문에 강물의 존재를 모른다. 유씨의 학문은 글의 장과 구에 집중하므로 글만 알고 그림은 모른다. 오호라, 도보에 관한 학문이 사라진 것은 누구의 잘못인가!

「원학」에서 저자는 학술이 옛날보다 못한 원인을 분석하고 있다. 정초는 우선 삼대 이후의 학술이 삼대 이전보다 못하고 한나라 시기 역시 삼대보다 못하다고 생각한다. 특히 위진(魏晉) 이후 학술적 분위기는 날로 쇠퇴해졌다는 것이다. 정초는 당시의 학술적 분위기에 대하여 이렇게 지적하고 있다. 후인들의 학술이 예전 사람의 학술에 못 미치는 원인은 의리와 사장 양자에서 어느 한쪽만 고집하면서 서로 상대를 비방하는 데에 있다. "의리를 탐하는 자들은 사장을 주장하는 자들이 그 근원에 달하지 못하는 것으로 생각하고, 사장을 즐기는 자들은 의리를 주장하는 자들이 문채(文彩)가 없다고 생각"하는데 모두 '언어의 중요하지 않은 부분에만 신경을 쓴 것으로 결코 실학이 아니다.' 당시의 학술적 분위기 외에 다른 한 중요한 원인은 '도보의 학문이 전하지 못하여 실학이 결국 실속이 없는 빈 글로 바뀌었다!'

정초는 또 역사상의 인물과 사건을 예로 들면서 설명을 덧붙이고 있다. 그는 도보의 중요성을 설명할 때 진(晉)나라의 대표적인 건축가인 장화(張華)를 예로 들었다. 장화가 한나라의 관청과 글을 짓는 뭇사람들을 손금 보듯 환히 꿰뚫고 무제(武帝)의 물음에 답할 때 '유창하게 대답하여 듣는 이들이 피곤을 잊고 땅 위에 그림을 그리니 도상이 되어 좌우의 주목을 받았다'라는 것이다. 문제의 관건은 장화가 『한궁실도(漢宮室圖)』를 잘 알고 있다는 것이다. 그리고 당나라 사람인 무평일이 '노삼항, 정칠목과 『춘추』 계열의 내용을 물으면 하나도 빠짐없이 답할 수 있었던' 것은 그가 『춘추세족보(春秋世族譜)』를 본 적이 있기 때문이다. 만일 "장화가 도보를 보지 못하였다면 비록 한나라의 글을 빠짐없이 읽었다고 하더라도 이전 왕조 궁실의 근원을 알 수 없었고, 무평일이 도보를 보지 못하였다면 비록 『춘추』를 독에 물을 붓듯이 외울 수 있었을지라도 고대인 씨족의 시말을 알 수 없었을 것이다." 이것은 또 정초가 양전기의 『낙경도』와 두예의 『공자보』를 접한 후 '도보의 학문을 더 잘 아는 자가 학술의 대학자'가 될 수 있다는 것을 안 이유이다.

옛날 학자들이 '왼쪽엔 그림을 두고 오른쪽엔 글이 있는' 독서 전통을 이미 만들었는데 무엇 때문에 송나라에 이르러 '글만 있고 그림이 보이지 않는' 폐단을 자초하였는가? 그 근본 원인을 따져보면 위로 동한 시기 유향과 유흠이 『칠략』을 편찬할 때 글만 수록하고 그림은 수록하지 않는 체례(體例)를 만든 역사로 거슬러 올라갈 수 있다. 유향 부자는 비록 한나라의 대학자이지만 글만 중요시하고 그림은 소홀하였다. 그리하여 '분쟁은 말과 장구의 표면에 그치어 학술적인 큰 줄거리를 잃고 말았다. 마치 '사슴을 쫓는 사람은 모든 정신이 사슴에게 집중되었기 때문에 산의 존재를 잊고, 고기를 잡는 사람은 모든 정신이 고기에만 집중되었기 때문에 강물의 존재를 모르는 것'과 같다. 이 비유는 "유씨의 학문은 장구(章句)에 그 뜻을 두었기에 글만 있고 그림이 있는 것은 몰랐다"라는 편협한 시각을 생동감 넘치게 설명하였다.

[원문] 명용(明用)

배움에 능한 사람은 마치 군대를 장악하고 형벌을 내리는 것과 같다. 만약 군대를 움직이는 제도가 없다면 어떻게 서적에 기록할 수 있겠는가? 만일 심사하고 사실을 확인하는 방법이 없다면 어떻게 서적에 진실한 모습을 기록하여 반영할 수 있겠는가? 지금까지 천하의 서적과 고금의 학술 저서에서 도보의 작용을 서술한 것은 16종류이다. 첫 번째는 천문에 관한 것이고 두 번째는 지리에 관한 것이며 세 번째는 궁실에 관한 것이고 네 번째는 기물 도구에 관한 것이다. 다섯 번째는 수레와 깃발에 관한 것이고 여섯 번째는 의상에 관한 것이며 일곱 번째는 제단에 관한 것이고 여덟 번째는 도읍에 관한 것이다. 그리고 아홉 번째는 도성의 건축에 관한 것이고 열 번째는 논밭과 주택에 관한 것이며 열한 번째는 제후들이 공을 논하고 상벌을 내리는 것에 관한 것이고 열두 번째는 법률 제도에 관한 것이다. 열세 번째는 작위에 관한 것이고 열네 번째는 고금에 관한 것이며 열다섯 번째는 명칭과 종류에 관한 것이고 열여섯 번째는 문서에 관한 것이다. 무릇 이 열 여섯 종류에서 문자만 있고 그림이 없는 것은 사용할 수 없다. 일생을 살면서 천문과 지리를 모른다는 것은 배우는 자의 큰 결함이 아닐 수 없다. 하늘에 형성된 천상(天象)과 땅 위에 만들어진 지형, 일월성신이 머무는 곳과 해와 달이 오가는 것은 그림이 없다면 그 모습을 이해할 수 없다. 산천에 관한 기록과 이적(夷狄)과 화하(華夏)의 구별은 그림이 없다면 그 형상을 분별할 수 없다. 천관의 글을 머리를 들어 볼 수 없고 지리에 표기가 있지만 그 표기를 내려 관찰할 수 없다. 그러므로 천문지리는 글만 있고 그림이 없다면 쓸모가 없게 된다. 인간사를 고찰해 보면 궁실의 제도가 있고 종묘 제도가 있으며 제왕 궁전의 제도가 있고 거상(居喪)자가 있는 방의 제도가 있다. 그리고 대만부에는 성황묘 제도가 있고 관청의 처마와 학술 유파에도 제도가 있다. 궁실에 관한 건물은 그림이 없으면 지을 수 없다. 존이작가(尊彛爵斝, 술을 담는 용기-역자 주)에도 법이 있고 보궤조두(簠簋俎豆,제기의 종류-역자 주)에도 법이 있으며 궁시부월(弓矢鈇鉞, 고대 병기들-역자 주)에도 법이 있고 규장벽종(圭璋璧琮, 옥으로 된 제기류-역자 주)에도 법이 있다. 새절(璽節, 고대 통상 허가증-역자 주)에도 법이 있고 금고(金鼓, 고대 전장에서 군을 지휘하는 북과 징-역자 주)에도 법이 있다. 관곽(棺槨, 시신을 넣는 관-역자 주)에도 법이 있고 중주(重主, 고대 주인을 중요시하는 예의-역자 주)에도 법이 있다. 또한 명기제기(明器祭器, 시신과 함께 묻는 기물과 제기-역자 주)에도 법이 있고 구순(鈎盾, 고대 벼슬 이름이나 관청 이름-역자 주)에도 법이 있다. 무릇 기물에 속하는 것들은 그림이 없으면 만들 수 없다. 수레와 깃발을 만드는데 수레를 만드는 법이 있고 말을 관리하는 제도가 있으며 깃발을 사용하는 제도가 있고 의위노박(儀衛鹵薄, 고대 임금 행차 시 의장대가 갖추어야 할 의전-역자 주)의 제도가 있다. 그런데 그림이 없다면 어떻게 그것들의 법규를 알 수 있겠는가? 옷을 만드는 데 있어 관리의 제복을 만드는 제도가 있고 의상 복식(服飾)의 제도가 있으며 신발을 만드는 제도가 있고 비녀를 꽂고 머리를 묶는 법이 있다. 또 수함(襚含, 죽은 사람 입에 옥을 물리고 옷을 입히는 일-역자 주)에 법이 있고 장질(杖絰, 상장과 상복-역자 주)에도 법이 있다. 만약 그림이 없다면 어떻게 그 법을 잘 알 수 있겠는가? 단(壇)의 구역을 정하는 데 있어 제단을 쌓는 법이 있고 언덕과 못의 법이 있으며 사직의 제도가 있고 묘지의 구역을 정하는 법이 있다. 그것의 크기, 높이, 깊이는 그림을 통해서만 식별할 수 있다. 도읍에 있어 서울과 주위의 제도가 있다. 여러 군과 분봉도 지켜야 할 법이 있고 시정이 지켜야 할 법이 있으며 장마당은 그것의 법이 있고 번복(藩服, 고대 임금의 경기지역에서 제일 먼 곳의 사람들이 입는 옷-역자 주)은 그것이 따라야 할 법이 있다. 내외 경중의 형편은 그림이 있어야만 법칙을 세울 수 있다. 도성을 쌓을 때는 그 법이 있고, 조경의 법이 있다. 조정과 왕후의 대문을 세우는 법이 있고 성채를 쌓고 그것을 지키는 법이 있다. 이러한 것들은 그림이 있어야만 그 요령을 알 수 있다. 농사를 지을 때는 농부에게 가문의 제도가 있고 도랑을 파고 관개수로를 구축하는 법이 있으며 고원과 낮은 땅을 이용하는 법이 있다. 이러한 것들은 그림이 있어야 그 경계를 구별할 수 있다. 부세 수입과 재물 지출을 관리할 때는 재물이 들어온 과정을 기록하는 제도가 있고 공납과 부세의 제도가 있으며 주민 호수와 인구수를 기록하는 제도가 있다. 그런데 그림이 없으면 그것들의 내력을 알 방법이 없다. 법률 제도가 있는데 그림만이 그 제도를 정할 수 있고 작위에 등급이 있는데 그림만이 그 등급을 확정할 수 있다. 오형(五刑)이 있고 오복(五服)이 있는데 오형에 그 경중이 있고 오복에 그 원근(遠近)이 있다. 양기(量器)가 저울의 눈금이 다 같고 천하의 법칙이 모두 바르며 백공(百工)과 오성(五聲)과 팔음(八音)과 십이율(十二律)에 규칙이 있고 삼가(三歌, 불교에서 무상유가부에서 수계(受戒)하여 불문(佛門)에 들어갈 때 물을 정수리에 끼얹는 의식을 진행하는데 그 주지를 노래하는 세 가지 노래-역자 주)와 육무(六舞, 육대 성군을 가송하는 춤-역자 주)에는 그 질서가 있다. 소하(昭夏, 고대 악장명-역자 주), 사하(肆夏, 고대 악장명-역자 주), 궁진(宮陳, 왕궁의 배열-역자 주). 헌진(軒陳, 수레의 배열-역자 주)은 모두 국가 법률 제도의 눈으로서 모두 그림을 이용하여 움직인다. 궁내에는 공경대부(公卿大夫)가 있고 궁 밖에는 주목(州牧, 중국 고대 한나라부터 송나라까지의 벼슬 이름, 고을의 최고 벼슬임-역자 주)과 후백(侯伯, 후작과 백작으로 후에는 무릇 제후를 가리킴-역자주)이 있으며 귀한 자는 왕후의 빈비가 되고 천한 자는 몸종이 된다. 벼슬에는 등급이 있고 명에는 수(數)가 있으며 봉록에는 많고적음이 있다. 관리는 등급의 차이가 있고 옥은 안감이 서로 다르며 구슬과 비단에는 등급이 있다. 상하급에 서로 다른 예의가 있고 지위가 높은 자와 천한 자는 하는 일이 서로 다르다. 이렇듯 모두 등급과 질서가 있는데 모두 그림이 필요하다. 고금을 꿰뚫은 자는 삼통(三統, 하상주 세 조대의 책력-역자 주)과 오운(五運, 금목수화토 다섯 가지 기운-역자 주)을 모르면 안 되는데 이 삼통오운을 알자면 그림이 필요하다. 만일 사물의 이름과 특징을 구별하자면 벌레, 물고기와 초목 따위를 알아야 한다. 그런데 벌레와 물고기의 모양이나 초목의 형태는 모두 그림이 있어야 구별할 수 있다. 서적의 내용을 환히 알자면 문자와 음운을 잘 알아야 한다. 그런데 음운은 청음이 있고 탁음이 있는데 그림이 있어야 잘 알 수 있다. 무릇 이상에서 언급한 것은 모두 같은 유형으로 묶어 설명할 수 있다. 배우는 학자로서 이 점을 모른다면 그의 글은 쓸모가 없게 되며 통치자로서 이 점을 모른다면 그가 정한 제도 따위들을 실행할 수 없게 된다.

[해설]

이론적인 측면에서 「색상」과 「원학」은 '도보'의 탄생과 유전, 그리고 그것이 가지고 있는 중요한 의의와 가치를 깊이 있게 탐구하였다면, 「명용」에서는 '도보'의 실천 속에서의 응용부터 그 기능과 역할에 대해 해석하고 있다.

저자는 풍부한 자료와 옛사람의 성과를 정리한 것을 기반으로 자신의 세심한 연구와 선별을 거쳐 체계적으로 그림이 여러 영역에서 미치는 작용에 대해 체계적으로 설명하였다. 구체적으로 천문, 지리, 궁실, 기물, 건축, 회계, 법제 등 16개 면에서 구체적인 응용 가치를 설명하고 있는데 '즉, 이 16가지 종류에서 글만 있고 그림이 없으면 이용할 수 없다'라고 말한다. 그 후 그 이유를 일일이 설명하고 있다. "사람이 천지 간에 살면서 천문과 지리를 모른다면 이것은 학문을 닦는 사람으로서는 큰 허점이다. 하늘에서는 형상을 만들고 땅에서는 모양을 만든다. 성신(星辰)이 머물고 일월이 오가는 하늘의 모습은 그림 없이는 볼 수가 없다. 산천의 법칙과 한족과 소수민족 지역의 구분은 그림이 없으면 그 지형의 모습을 알 수가 없다. 천관(天官)의 글을 머리를 들고 볼 수가 없고 지리의 안표를 고개 숙여 관찰할 수 없다. 그리하여 천문지리에 글만 있고 그림이 없다면 쓸모가 없다고 한 것이다." 또 "궁실에 관한 건물은 그림이 없으면 지을 수 없고, 기물 따위들은 그림이 없으면 만들 수 없으며 단(壇)의 구역을 정함에 있어 그것의 크기, 높이, 깊이는 그림을 통해서만 식별할 수 있다."라고 주장한다. 정초의 이러한 논술들은 중국 고대 도상학의 인식 기능에 관해 처음으로 전면적으로 정리한 것이다.

'도보'의 16갈래의 응용에 관해 책에서 모든 이유를 주장하고 있다. 이를테면 건축의 규모와 양식의 차이로 그것을 구별하고, 각종 그릇에 관해서는 서로 다른 용도에서 서술하고 있으며, 어떤 것은 고대의 법칙 제도로부터 설명하고 있고, 어떤 것은 내외 유별과 경중의 강약으로 구분하고 있다. 또 어떤 내용은 부세 제도에서 설명하고 있고, 어떤 내용은 사회 등급제도에서 구분하고 있으며, 어떤 것은 음률의 차이에 따라 획분하고 있다. 또 음운의 청탁과 문자의 선후를 알아야 할 것을 주장하고 또 '아래 위가 의식이 다르고 높은 자와 천한 자가 할 일이 다르며' '장유유서'를 알아야 함을 주장하고 있다. 또 초목과 충어의 명칭과 종류를 알아야 함을 주장한다. 이 문장의 말미에서 저자는 "배우는 학자로서 이 점을 모른다면 그의 글은 쓸모가 없게 되며 통치자로서 이 점을 모른다면 그가 정한 제도 따위들을 실행할 수 없게 된다."라며 특별히 강조하고 있다. 무릇 이런 모든 것은 그림이 있으면 순리적으로 문제가 해결되지만, 그림이 없다면 모든 것이 아득하여 어찌할 바를 모르고 심지어 속수무책이며 한 걸음도 나아갈 수 없다.

조우흠과 그의 『혁상신서』

조우흠은 송나라 말기, 원나라 초기의 학자(약 13세기 중엽~14세기 중엽)([그림30])로 이름을 흠(欽)이라고도 부른다. 자는 자공(子恭)이고 스스로 호를 연독(緣督)이라고 하였다. 그는 파양(鄱陽, 오늘의 강서 파양) 사람이다. 남송 말기에 화를 피해 도가에 입문하고 은둔하였다. 후에 용유(龍游, 오늘의 저장성 취현(衢縣) 룽유(龍遊)에 있는 계명산(雞鳴山)에 정착하였는데 산 위에 관상대(觀象臺, 또 관성대(觀星臺)라고도 함)를 세우고 천체의 현상을 관찰하였다. 조우흠은 학문이 넓어 천문, 수학, 광학 등에 모두 비교적 높은 지식을 가지고 있었다. 그는 중국에서 빛이 직선으로 비추고, 작은 구멍이 이미지를 만들며, 조명의 밝기 정도를 해석하기 위해 대규모의 실험을 진행한 첫 번째 사람이다.

[그림30] 조우흠, 정내련 그림

　　조우흠의 『혁상신서』는 주로 광학과 수학에 관해 논하고 있는데 대부분의 견해가 정확하고 치밀하다. 책에서 그는 자신이 관찰하고 실험한 과정 및 연구 성과에 대해 많이 기록하였다. 조우흠은 객관적 실제에서 출발하여 자연법칙을 탐구하는 것을 매우 중시하였다. 물리학 관련 문제를 연구할 때 그는 한편으로 실험하며 추리하였고, 한편으로 실제 작업을 하면서 그 결과를 분석하였다. 「소하광경(小罅光景)」의 한 절에서 그는 자신이 설계한 중세의 가장 크고 가장 빈틈없는 구멍 형상을 만드는 실험에 관해 기록하였는데, 그는 이것을 '소하광경'(그림31)이라고 불렀다. 실험은 배치가 매우 합리적이고 순서가 매우 정연하였으며, 단계별로 깊이를 더해갔다. 이러한 실험을 통하여 그는 광선이 직선으로 비추는 것, 작은 구멍이 형상을 만드는 것, 조명의 밝기 정도 등에 대하여 모두 자세하고도 깊이 있게 관찰하고 연구하였다. 그의 이런 실험 설계는 세계 물리학 역사에서 최초로 있는 일이었다. 13세기에서 14세기로 넘어가는 시기에, 실험실 규모의 크기, 촛불의 수량, 실험 순서의 상세함, 실험 결론의 정확함 등의 여러 측면에서 볼 때 이 실험은 중세에 가장 크고, 가장 빈틈없는 광학실험이라고 볼 수 있다.

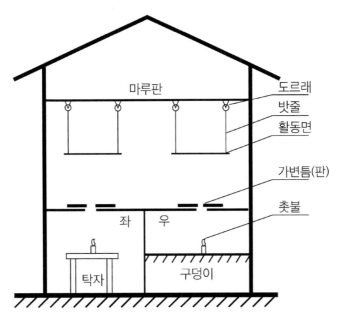

[그림31] 조우흠의 실험 배치도

5. 도상 과학기술의 융합기

명청 시기와 중화민국 시기는 중국 도상 과학기술의 융합 시기이다.

세계 과학기술 발전 수준에서 볼 때 명청 시기의 중국 과학기술은 당시 급속도로 발전하는 세계 근대 과학기술에 비하여 너무나도 초라하였다. 이런 관점에서 볼 때, 이 시기의 중국 도상 과학기술은 '쇠퇴기'라고 할 수 있다. 그러나 중국 과학기술의 발전 측면에서 볼 때 이 시기의 과학기술은 번성기였던 송원 시기와 비교해서도, 도상 광학 면에서의 발전은 여전히 그 연속성을 유지하고 있었다. 그뿐만 아니라 발전의 범위도 심지어 송원 시기보다 더 컸다. 이것은 서구의 선진적 과학기술을 수용하고 융합시킨 결과이다. 이러한 관점에서 볼 때 우리는 이 시기는 중국 도상 과학기술의 '융합 발전 시기'라고 할 수 있다.

명청 시기 중국의 봉건제도는 점차 쇠퇴의 길을 걸었다. 명 중엽 이후 황제는 우매하고 관리의 통치는 부패하였으며 계급적 모순은 날로 첨예해졌다. 그리하여 농민 봉기가 연이어 일어났고 게다가 북방의 새롭게 궐기한 정권이 끊임없이 침략해 왔다. 결국 1644년에 명나라는 내우외환을 이겨내지 못하고 멸망하고 만다. 명나라를 이어 들어선 청나라는 중국의 마지막 봉건 왕조로 268년간 지속하였다. 청나라는 강희, 옹정, 건륭 이 세 황제의 통치 기간에 최고로 발전하였다. 과학기술이 발전하고 경제도 번영하였다. 건륭제 때 청나라는 최고로 발전하였고, 또 그 시기가 쇠퇴의 시작점이기도 하다. 건륭의 뒤를 이은 황제들은 쇄국정책을 실시하였고 각종 사회모순이 나날이 심각해졌다. 중국은 결국 세계 선진국의 대열에서 이탈하게 되었다.

명 중엽 이후 중국은 자본주의 맹아가 발아하여 생산과 과학기술의 발전을 추진하였다. 그러나 그 힘은 강하지 못하였다. 그러나 같은 시기 유럽의 자본주의는 급속한 발전을 가져와 결국 산업혁명 및 근대 과학기술의 탄생을 추진하게 된다. 유럽의 과학기술 수준은 여전히 전통적 궤도에서 완만하게 발전하는 중국을 훨씬 앞서갔다. 세계 무역의 루트가 개방되고 공업 생산이 이루어지면서 서구 국가의 부와 실력은 빠른 발전을 일구었다. 서구의 강대한 군사력도 몰락한 청 왕조를 나날이 위협해 왔다. 그리하여 1840년 아편전쟁은 마침내 총포를 앞세워 중국의 대문을 강제적으로 열어버렸다. 1840년 아편전쟁 때부터 1949년 신중국이 수립 때까지 중국은 반식민지 반봉건 사회에 있었다. 명청 시기는 중국 전통문화의 총결산이자 전환기를 맞는 준비기였다. 만청 문화는 중국 전통문화 발전의 총결산이자 근대화 발전의 서막을 열었다.

1840년 청 말기 아편전쟁의 발발부터 1912년 청나라의 멸망, 그리고 중화민국의 건립 기간에 중국 사회는 봉건사회에서 민주주의 사회로의 전환 과정을 경험하게 된다. 이 시기에 제국주의의 침략, 군벌 전쟁으로 사회는 무척 혼란스러웠다. 중국의 발전사에서 이 시기는 중국인의 고난사였고 중국인이 외세의 침략에 저항하여 싸운 시기였다. 그러나 중국의 과학기술은 이러한 틈새와 혼란 속에서도 계속 발전하였다. 중국인은 도상 과학기술 이론을 탐구하였고, 도상 관련 연구를 계속하여 새로운 발전에 이르게 되었다. 그 내적 원인을 살펴보면 혁명적 부르주아 실업의 구국 실천과 많은 애국 지식인, 애국인사들의 나라를 지키고 나라를 부강하게 만들려는 염원은 한마음 한뜻으로 힘을 모아 서구의 선진 과학기술을 수용하고 배우게 하였다. 외적 원인은 강력한 '서풍(四風)'의 지속적인 '동점(東漸)'은 산업혁명 후 서구의 선진적인 과학기술문명을 중국으로 가져온 것이다. 이러한 내외적 원인이 모두 작용하여 이 시기 중국의 '혼란불기(混亂不羈)'의 문화사상은 관념들이 서로 부딪히고 경쟁하며 각종 이념이나 자유자재로 표현할 수 있게 만들었다. 중국 도상 과학기술을 탐구하는 연구자들의 연구 공간도 도리어 더욱 자유로워진다. 연구 개체의 독립성과 국제교류의 개방성은 이 시기 과학기술을 연구하는 연구자들의 두 가지 특징이다. 특히 1919년 '5.4' 애국 운동을 지표로 시작한 신민주주의 혁명 시기에 '과학'과 '민주'를 슬로건으로 추진한 신문화운동은 자고로 '중문경공(重文輕工)' 사상을 가지고 있는 중국인들이 '공'에 속하는 기술 과학을 진정으로 중요시하고 숭상하도록 만들었다. 이것은 중국이 해외 선진 과학기술을 수용하고 배우며 전통과 융합하여 과학기술을 끊임없이 발전할 수 있도록 만들었다.

촬영 기술은 이 시기에 중국으로 들어왔다. 그래서 중국의 도상 과학기술은 세계의 도상 과학기술과 서로 만나게 된다. 순간을 포착하여 남기는 영상 필름은 같은 사진을 무수히 복제할 수 있었다. 이 기술은 순식간에 사라져 다시는 얻을 수 없는 이전의 광학 도상, 그리고 전통적인 도구로 도상을 복제하는 기술 방식과 서로 만나게 된다.

종합하면, 명청 시기부터 민국에 이르는 약 600년은 중국 과학기술 발전사에서 매우 복잡하고 굴곡적이면서도 매우 중요한 단계이다. 이 시기는 전통에서 근대로 넘어가는 과도기였다. 내우외환과 전쟁으로 인해 혼란스러운 사회 속에서 중국의 과학자와 장인들은 모든 정력을 쏟아 어려운 고비를 넘기면서 중국의 전통 과학기술을 계승하는 동시에 서구의 선진 과학기술을 배워 양자를 융합하려고 노력하였다. 그리하여 중국의 도상 과학기술은 중서 과학기술 문화의 융합 속에서 비약적으로 발전하게 된다.

명나라는 송원 시기 과학기술의 전통을 계승하였다. 재능과 식견이 탁월한 몇몇 과학자들은 과학기술 면에서 막대한 공헌을 하였다. 이를테면 이시진(李時珍), 방이지(方以智), 송응성(宋應星), 도종의(陶宗儀) 등은 탁월한 성과를 거두었다. 명청 시기에는 또 종합성을 띤 과학기술 관련 저서도 일부 나왔는데, 이를테면 송응성의『천공개물(天工開物)』, 방이지의『물리소식(物理小識)』, 정광조(鄭光祖)의『일반록(一斑錄)』등이다. 이 시기의 의약 본초학 저서에서 논의한 광학지식도 사람들의 주목을 이끈다. 이를테면 이시진은 그의 약물학 거작인『본초강목』에서 이미 산실된 고대 광물약(鑛物藥) 및 광학지식을 많이 보존하고 있으며, 왕긍당(王肯堂)의『증치준승(證治準繩)』에는 결정체 광학 현상이나 눈동자와 시각의 관련 문제 등을 기록하고 있다.

명나라의 저명한 과학자 송응성(약 1587~1661년, [그림32])이 지은『천공개물(天工開物)』은 세계가 인정하는 과학기술의 거작이다. 이 책은 많은 광학지식을 기록하고 있다. 이를테면『천공개물권하·주옥·옥(天工開物卷下·珠玉·玉)』에 "서양의 쇄(瑣)라는 곳에 기이한 옥이 있는데 평상시에는 흰색인데 맑은 날 햇빛 아래서 보면 빨간색을 드러내고 비 오는 흐린

날에는 또 청색을 드러낸다. 정말 요상한 옥이라 할 수 있는데 상방(尙方)에만 있다."라는 구절이 있다. 이 구절의 의미는 '서양의 쇄라는 곳이 있는데 거기서는 기이한 옥이 생겨난다. 평소에는 흰색인 것이 맑은 날 햇빛 아래서는 빨간색을 드러내고 비 오는 흐린 날이면 또 청색으로 변한다. 이것은 정말 일종의 기이한 옥인데 궁정에만 이러한 옥이 있다.' 이다. 이것은 사실 결정체의 색깔이 변화하는 현상을 기록한 것이다.

[그림32] 송응성, 정내련 그림

청 초기 서구의 많은 선교사가 중국에서 포교하면서 서구의 과학기술 지식도 전파하여 중국 전통 과학기술에 매우 큰 영향을 주었다. 일반적으로 이탈리아의 예수회 선교사 마태오 리치(Matthieu Ricci, 이탈리아인, 1537~1612년)가 중국에 온 시기부터 옹정(雍正) 때까지를 서구 과학기술이 중국에 들어온 시작으로 본다. 중국으로 들어온 서구 근대 과학기술 지식 중 물리학이 일정한 비율을 차지하는데, 물리학 중 광학이 또 매우 큰 비중을 차지한다. 이러한 과학기술 지식은 이론적인 것도 있고 또 기기 기구 등의 실물도 있었다.

서구의 근대 물리학 지식이 중국에 소개되어 들어온 후 중국의 많은 과학자가 또 실험 결과를 검증하였다. 이를테면 청나라 과학자 서수(徐壽, 1818~1884년)는 프리즘 분광 실험을 할 때 '프리즘 유리를 사려고 하였는데 살 수가 없어 수정으로 된 도장을 삼각형으로 갈아 빛이 일곱 개의 색으로 나누어지는 것을 실험하였다.' 서수는 또 촬영에 관련된 책을 여러 권 번역 소개하였다.

중국의 지식인들은 근대 광학 지식을 배우고 수용하고 전파하는 과정에서 서구의 근대 광학과 중국의 전통 광학을 서로 결부하여 중서 광학지식이 서로 융합된 광학 성과를 일부 얻기도 하였다. 이러한 성과들은 특색이 있는 여러 저서 혹은 역서에 기록되어 있다. 이를테면 정광조(鄭光祖)의 『일반록(一斑錄)』, 박명(博明)의 『서재우득(西齋偶得)』, 정복광(鄭復光)의 『경경령치(鏡鏡詅痴)』, 추백기(鄒伯奇)의 『격보술(格補術)』 등의 저서이다. 그 가운데 청나라의 정복광과 추백기를 대표로 하는 광학 이론 연구는 중국의 고대 전통 광학 지식을 계승하였을 뿐만 아니라 또 서구의 광학 지식을 충분히 수용함으로써 중국 근대 중서 과학기술 사상의 융합을 이루었고, 중국 광학 역사의 이정표가 되었다.

청나라 정광조는 광학의 여러 분야에 공헌하였고, 그는 동서양 문화 및 사상 방법을 성공적으로 결합하였고 탁월한 공헌을 세운 선구자이다. 그는 자신의 『일반록』에서 일식, 구름, 안개, 천둥과 번개, 무지개 등 자연현상을 서술하면서 자신만의 설명을 덧붙였다.

청나라 학자 박명([그림33])은 그의 저서인 『서재우득』에서 한 자연과학 기술지식 문제에 관한 서술은 전통적인 관점을 훨씬 뛰어넘는 것이

었다. 특히 광학은 매우 특색이 있다. 『서재우득』에는 색각(色覺)에 관한
인식, 보색에 관한 기초 개념, 소극 잔상 현상, 눈이 사물을 보는 원리
에 관한 이해, 그리고 근시와 원시가 생기는 원인 및 안경으로 근시와
원시를 바로잡는 원리에 관한 설명, 구경 레이드의 영상 형성에 관한
인식 등의 광학 지식이 있다.

[그림33] 박명, 정내련 그림

명말 청초 때 중국의 광학 응용 기술은 크게 발전하였다. 서구의 광
학 기구들이 중국에 유입된 지 얼마 지나지 않아 중국인들은 안경, 확
대경, 망원경 등 광학기기를 만드는 기술을 익혔다. 이를테면 독일의
선교사 아담·샬(Johann Adam Schall Von Bell, 1591~1666년)의 『원경설(遠鏡說)』은
광학 지식을 비교적 집중적으로 소개한 '서학(西學)' 역서이다. 이 역서
는 최초로 망원경의 제작 방법과 사용 방법을 소개하고 있다. 『원경설』
이 간행된 이후 중국에서는 망원경을 연구 제작하기 시작하였다. 아편
전쟁이 일어나기 전 중국인이 스스로 만든 안경의 질은 이미 박래품(수

입품)을 능가하였다. 이 시기에 손운구(孫雲求, 주로 1630~1660년대 활약), 박각(薄珏, 17세기 상반기 활약), 황이장(黃履庄, 1656~?), 추백기(鄒伯奇, 1819~1869) 등은 광학기기 제작 전문가들이었다. 그들은 열심히 노력하여 실용적인 촬영 기자재와 광학 기구들을 연구하고 제작하였다. 그중 박명은 세계 최초로 실제로 전쟁에서 망원경을 사용한 사람이며, 손운구와 황이장은 많은 광학기기를 만들었으며, 추백기는 중국에서 유리판 촬영 기술을 이용하여 인물 초상을 촬영한 첫 번째 사람이다.

[그림34] 손운구, 정내련 그림

청초 때 손운구([그림34])는 거울을 만드는 고수였다. 그는 안경, 망원경 등 각종 광학기기를 만들었는데 그 기기가 70여 종에 달했다. 그뿐만 아니라 그가 펴낸 중국의 첫 번째 광학 측정 기기 전문서인『경사(鏡史)』는 중국의 광학 및 천문 측정 기기 발전에 탁월한 공헌을 하였다. 『경사』는 여러 가지 거울의 제작 방법을 상세하게 소개하였고 세상에 매우 널리 퍼졌다. 이 저서는 당시 광학 측정 기기의 제조 기술에 지대한 영향을 미쳤다. 그 후 안경 수공업에 종사하는 작업장은 모두 이 책에서 소개한 방법에 따라 많은 '안경'([그림35])을 만들었다.

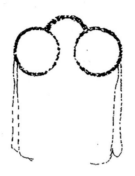

[그림35] 장쑤성(江蘇省) 우현(吳縣) 필완(畢浣)의 묘에서 출토된 안경

청 말기인 1840년에 영국이 중국을 침략한 1차 아편전쟁이 발발하였다. 이 전쟁으로 중국은 어쩔 수 없이 문호를 개방하게 되고, 따라서 외국의 상인, 여러 나라의 선교사들이 연이어 중국으로 들어왔다. 이것은 객관적으로 서구의 과학기술이 중국에 전해 들어오는 경로를 열어 놓은 것이다. 1839년 파리에서 막 알려진 다게레오 타입(Daguerreography, 은판 사진술)의 촬영 기술도 1840년대에 중국으로 들어오게 된다. 촬영 기술의 발명은 인류 문화에 새로운 영역을 개척한 것으로, 도상 과학기술의 새장을 열어 주었다. 촬영의 출현은 영화처럼 또한 동적 도상의 기술적 기반을 마련하였고, 1895년에 프랑스 파리에서 영화가 탄생하게 된다. 촬영 기술과 영화의 탄생은 도상 과학기술의 획기적인 발전으로, 인류의 '시계(視界)'에 완전히 새로운 느낌을 가져다주었다. 촬영과 영화가 세상에 나온 지 얼마 지나지 않아 전쟁 중이었던 중국은 이미 서구의 방법에 따라 이에 관련 탐색과 연구를 계속하며 어느 정도 성과

를 거두었다.

명청 시기 중국에는 매우 뛰어난 어둠상자(Camera obscura, 암상) 제조 업자들이 나타났다. 이를테면 『우초신지(虞初新志)』는 강희 연간 강도(江都)의 황이장(黃履庄, 1656-? 광릉(廣陵, 지금의 양주)사람. 청 초기의 기기 제작자이자 물리학자임. 공학기기 제조 분야에 깊은 조예가 있음-역자 주)이 '임화경(臨畫鏡)'과 '축용경(縮容鏡)' 등 광학 기구를 제조하는데 능력이 있다고 기록하고 있다. 그리고 『소주부지(蘇州府志)』와 『호남통지(湖南通志)』는 각기 장주(長洲) 사람인 박각, 호남 청천(清泉) 사람인 담학지(譚學之)가 광학기기를 만드는 재주가 있다고 기록하고 있다. 양계초가 높게 평가한 청나라 여과학자 황이장은 '다중렌즈 암상(多鏡頭暗箱)'을 만들기도 하였다. 이들의 노력은 촬영 기술의 발전을 가속화하였다.

1850년대 초 상하이에서 자연과학 기술 분야의 역서를 대량으로 출판하였는데 그 중 영국 선교사 요셉(Joseph Edkins, 1823~1905)과 장복희(張福僖)가 공동으로 번역한 『광론(光論)』은 서구의 근대 광학 지식을 체계적으로 중국에 소개한 최초의 책이다.

1860년대 미국 선교사 Carl T.Kreyer(생졸년 미상)과 조원익(趙元益, 1840~1902)이 공동 번역한 영국의 물리학자 존 틴들(John Tyndall, 1820~1893)의 저서 『광학(光學)』은 많은 자연현상을 해석하고 일부 중요한 실험을 설명하고 있다. 또 광학 분야의 응용 지식을 많이 소개하였고, 전면적이고도 체계적으로 서구 근대 광학 지식을 소개하였다.

20세기 초 촬영의 기술이 발전하고 중국 국내 인쇄 환경이 꾸준히 개선되면서, 중국 국내에서 촬영 전문 서적 여러 권이 출판되었다. 이 저서 중 어떤 것은 중국인이 직접 집필한 것이고 어떤 것은 편역한 것인데, 중국 국내 촬영 애호가들의 절실한 수요를 만족시켰다. 촬영 기술의 보급에 따라 많은 지식인은 촬영에 관해 이야기하는 것을 즐겼고, 많은 문학작품에도 촬영 관련 내용이 나타났다. 이를테면 청나라 말기 오경항(吳敬恒, [그림36])의 대중과학 소설인 『상하고금담(上下古今談)』 제8 회에서는 특별하게 촬영 기술을 언급하고 있다. 몇몇 지식인들은 또 시가를 창작하여 촬영에 관해 노래하였다. 이러한 작품들은 중국 국내에서 유행하며 중국의 촬영 사업 발전에 긍정적인 원동력이 되었다.

[그림36] 오경항 사진

중화민국 초기는 사회의 중대한 전환기였는데, 이러한 전환은 중국 문화에 유례없는 변화를 가져다주었다. 신문화운동의 흥기는 중국문화가 고대에서 현재로 변화하도록 만들었다. 외래문화의 영향으로 중국문화의 근대화는 박차가 가해졌다. 중국의 과학기술 전문가와 촬영가들은 모든 어려움을 무릅쓰고 도상 과학기술 연구를 적극적으로 이행하여 적지 않은 성과를 거두었다. 그중 일부는 시기적으로 외국보다 더 이르기도 하고, 일부는 당시 세계 최고 수준에 달했다.

중화민국 시기는 중국 촬영 역사에서 처음으로 맞는 번영기였다. 문예계 인사들이 촬영에 흥미를 갖고 참여하여 중국에서 촬영이 처음으로 널리 보급되었다. 당시 문예계에서는 촬영 영역의 제반 문제들에 대하여 개성 있는 탐색과 판단이 넘쳤다. 서비홍(徐悲鴻), 장대천(張大千), 풍자개(豊子愷), 제백석(齊白石) 등 저명한 화가와 강유위(康有爲), 노신(魯迅), 호적(胡適), 채원배(蔡元培) 등 사상 문화계의 거벽(巨擘)은 모두 촬영이나 평가를 시도하였다. 채원배, 유반농(劉半農), 장대천, 호적, 서비홍 등 문화계 태두(泰斗)들은 촬영에 대해 모두 자신만의 독특한 견해를 가지고 있었다. 그들 중 많은 사람은 몸소 실천하면서 자신만의 촬영 방식으로 자신의 정감을 표현하였고, 많은 예술 작품을 창작하였다.

중화민국 시기 전쟁의 파괴와 혼란으로 중국 과학기술 문화가 크게 짓밟혔고, 다른 한편에서는 애국정신에 힘입어 전례 없는 창의력이 발휘되기도 하였다. 중국의 과학기술 종사자들과 촬영 전문가들은 매우 어려운 환경 속에서 자신의 피나는 노력을 통하여 중국 국내 도상 과학기술 영역의 공백들을 메웠고, 중국 도상 과학기술 발전에 크게 공헌하였다.

이 시기 광학 분야에서 두드러진 공헌을 한 과학자들로 엄제자(嚴濟慈), 오대유(吳大猷), 왕대형(王大珩) 등이 있다.

엄제자([그림37)는 도상 광학 연구 분야에서 뛰어난 성과를 거두었다. 그는 해외 간행물에 연이어 50여 편(항일전쟁 전야까지)의 논문을 발표하였다. 그중 전임조(錢臨照)와 공동으로 집필한 「사진필름의 감광성에 대한 압력의 영향(压力对于照相片感光性之影响)」은 프랑스의 「과학원주간」에 발표하였다. 엄제자는 시각 이론에 관해서도 연구하였는데 그가 제시한 카메라 조리개 영상 실험 이론은 논리적이며 사용이 편리하여 매우 설득력 있다.

[그림37] 엄제자

왕대형([그림38])은 중국 광학 산업의 창시자로 손색이 없다. 그는 레이저 기술, 공간 광학, 원격 탐지 기술, 측정 계량기, 계량과학, 색도 기준 등의 분야 모두 매우 깊은 학술적 조예가 있다. 응용광학, 특히 국방 광학 프로젝트에 뛰어난 공헌을 하였다. 그가 집필한 저서 『칼라 TV의 색도론 문제(彩色电视中的色度学问题)』는 당시 칼라TV에 존재하던 색채의 오버랩 문제를 해결함으로써 중국 칼라TV 발전에 매우 중요한 의의가 있다.

[그림38] 왕대형   [그림39] 유반농

유반농(劉半農)([그림39])은 촬영 이론 분야의 창시자이다. 그는 저서 『반농담영(半農談影)』에서 자신의 촬영예술 이론을 설명하고 있다. 1929년부터 1949년 사이에 '유씨이론'은 중국 촬영 산업 발전에 중요한 영향을 미쳤다. 촬영예술의 이론연구나 촬영예술의 창작 분야나 할 것 없이 유반농은 중국촬영예술사에서 공헌이 탁월한 개척자이고 선구자이다. [그림40]은 유반농이 창작한 촬영 작품인 「교외(郊外)」이다.

[그림40] 「교외」, 1891-1934, 유반농 촬영

중화민국 시기 촬영 과학기술과 도상 출판업은 크게 발전하였다. 1937년 항일전쟁이 일어날 때까지 이 18년 동안 중국 국내에서 편집 출판한 촬영 관련 도서와 각종 촬영집은 약 300종에 달했다. 그중 집필하고 번역한 촬영 기술 관련 도서는 약 50종이다. 이러한 촬영 관련 출판물은 도상 과학기술 지식을 전파하고 중국 도상 과학기술 사업이 발전하는 데 중요한 역할을 했으며, 많은 도상 역사 자료들을 수집하고 보존하였다. 이러한 전문 저서 중 영향력이 비교적 큰 도서로는 두취전(杜就田)이 1913년에 번역 편집한 『신편촬영술(新編攝影術)』, 진공철(陳公哲)이 1917년에 펴낸 『촬영측광첩경(攝影測光捷徑)』, 구양혜장(歐陽慧鏘)이 1923년에 펴낸 『촬영지남(攝影指南)』, 고유상(高維祥)이 1926년에 출간한 후 이름을 바꾼 『증광촬영양우(增廣攝影良友)』의 『수진촬영양우(袖珍攝影良友)』, 서신성(徐新城)이 1929년에 펴낸 『촬영초보(攝影初步)』, 오인함(吳印咸)([그림41])이 1939년에 펴낸 『촬영상식(攝影常識)』 등이 있다.

[그림41] 연안(延安)에서의 오인함

도상 과학 기자재와 광학 측정 기기는 도상 과학기술의 기초로, 도상 과학기술 발전에 매우 중요하며 때로는 결정적인 역할을 하게 된다. 당시 중국의 과학자와 프로 촬영가 들은 촬영 기자재와 시설 기능에 관하여 이미 충분히 인식하고 있었다. 그리하여 하드웨어를 만드는 과정에 많은 심혈을 기울이며 직접 체험하고 새로운 기기를 제작, 개조하였다. 이를테면 촬영가인 전경화(錢景華)가 연구 제작한 '삼색일촬기(三色一撮機)'와 '경화환상촬영기(景華環象撮影機, 즉 파노라마 카메라)가 그것이다. ([그림42]) 전경화는 1920년대에 '삼색일촬기'를 연구 제작하였는데 독일의 Wilhlm Bremphl은 1934년에야 'Wilhelm Bremphl 일차 노광 촬영기'를 연구 제작하고 5년 후에 다시 업그레이드하였다. 전경화의 '삼색일촬기'는 Wilhlm Bremphl의 초기 제작품보다 약 4년에서 5년 정도 앞섰고 그의 업그레이드 제품보다는 약 10년 앞섰다. 이외에 촬영예술가 장인천(張印泉)이 연구 제작한 120 필름으로 사진 17장을 찍을 수 있는 소형 촬영기는 큰 관심을 얻었다. 이러한 성과들은 모두 외국에 비해 더 빨랐고 어떤 것은 당시의 세계 최고 수준이었다.

[그림42] 경화환상촬영기로 촬영한 사진(원본 사진은 길이 29인치, 높이 7.5인치)

이 시기 가장 뛰어나고 가장 대표적인 도상 과학기술 저서로는 명나라의 이시진(李時珍)의 『본초강목』, 방이지(方以智)의 『물리소식(物理小識)』, 청나라 정복광의 『경경령치(鏡鏡詅痴)』와 추백기의 『격보술(格補術)』이다.

이시진(李時珍)과 『본초강목(本草綱目)』

이시진(1518~1593년)([그림43])은 자는 동벽(東壁)이고 호는 빈호(瀕湖)이며 만년에 스스로 호를 빈호산인(瀕湖山人)이라 칭했다. 그는 호북(湖北) 기주(蘄州, 지금의 후베이성 황강(黃岡)시 치춘(蘄春)현 치처우(蘄州)진) 사람이다. 중국 명나라 가장 저명한 의학자, 약학자이자 박물학자(博物學者)이다. 이시진은 의사 가문에서 태어났다. 24세 때 과거시험을 포기하고 의학에 몰두하였다. 그는 부친에게 자신의 생각을 밝혔다. "(의학 공부를 한다는 것은) 몸은 마치 역류를 거슬러 오르는 배에 탄 것 같지만 마음은 철석보다 더 견정하옵니다. 부디 부친께서 아들이 뜻을 이루는 것을 지켜봐 주십시오. 죽는 한이 있더라도 결코 물러나지 않겠사옵니다." 그는 각고의 노력으로 치료법을 매우 빨리 익히고 명망이 높은 의사가 되었다. 이시진은 훌륭한 의사가 된다는 것은 의학 이론을 알아야 하고 약학 이론도 알아야 한다고 생각하였다. 그는 임상실험을 통해 고대의 본초 서적에 적지 않은 문제가 있음을 발견하고 이런 서적들을 정리하고자 다짐하였다.

[그림43] 이시진, 정내련 그림

『본초강목』은 이시진이 역대의 의학, 약학 관련 서적 800여 종을 참조하고 자기 경험과 조사 연구를 결합하여 약 27년 동안의 시간을 들여 완성한 의약학 저서이다. 저서를 완성한 후에 또 12년이란 시간을 들이어 세 번이나 수정 보완하였다. 『본초강목』은 중국 고대 약물학 종합서의 거작으로 국내외에서 모두 매우 높은 평가를 받았다. 이 저서에는 이미 소실된 많은 고대 광물약(鑛物藥) 및 광학 지식이 들어있다. 이시진은 일찍 '보살석(菩薩石)'에 대해 깊이있게 고찰하였다. '보살석'이란 '수정(水晶)'이다. 그는 결정체가 빛을 분산하는 현상을 기술하고 또 보살석 모양의 삽화를 직접 그렸다. 『본초강목』는 부싯돌과 화주(火珠)를 이용하여 불을 얻는 방법과 신기루의 형성 원인 등의 광학 현상에 대해서도 기록하고 있다.

방이지(方以智)와 그의 『물리소식(物理小識)』

방이지(1611~1671년)([그림44])는 자는 밀지(密之)이고 호는 만공(曼公)이고 또 녹기(鹿起), 용면우자(龍眠愚者) 등으로도 불렸다. 그는 안휘(安徽)성 동성(桐城) 사람이다. 명나라 저명한 철학가이며 과학자이다. 방이지는 총명함을 타고났다. 소년 시절에 부친을 따라 경치 좋고 이름난 산천을 유람하였고 청년 시절에는 많은 책을 읽었다. 그뿐만 아니라 서양에서 들어온 과학기술 문화 지식을 수용하였다. 그는 철학, 문학, 음운학, 역사, 천문, 수학, 의학, 미술 등의 분야에 비교적 조예가 깊었다. 방이지는 20세부터 『물리소식』을 집필하기 시작하였는데 그 시기는 바야흐로 명말 청초로 세상이 어수선하였다. 그는 '난리 속에 글을 짓자니 지팡이를 짚고 책을 쓸 때도 있었다.'라고 하였다. 그리하여 22년이란 시간을 거쳐 이 책이 마침내 완성하게 된다.

[그림44] 방이지, 정내련 그림

방이지의 『물리소식』은 명나라와 청나라의 교체 시기에 자연 지식을 집대성한 필기식 저서이다. 이 저서는 천문, 지리, 물리, 생물, 의학 등 여러 학문을 포함하고 있으며, 특히 물리에서 빛, 소리와 유동체 현상에 관한 지식은 이전 학자들이 하지 못한 기록과 발견을 기록하고 있다. 저서에서 물질의 발광, 빛의 전달, 음영의 형성과 신기루 등 대기의 광학 현상에 대해 철학으로 설명하였다. 특히 우리에게 '기광파동설(氣光波動說)'로 불리는 단순파 파동 학설을 제시하였다. 방이지는 '기광파동설'을 기반으로 '광비영수(光肥影瘦)'의 주장을 해석하였다. 그는 빛의 전달 과정에 언제나 기하 광학의 음영 범위 내에 침입하여 빛이 있는 구역은 확대되고 음영 구역은 축소된다고 주장하였다. 이러한 주장들은 학술적으로 전대미문의 공헌이다. 『물리소식』에서 빛의 분산, 반사, 굴절, 또 소리의 생성, 이동, 반사, 공명, 소음 효과, 그리고, 비중·자기장 효과 등 여러 문제에 관한 기술과 해석은 모두 매우 뛰어나다. 『물리소식』은 중국의 고대 과학기술과 근대 서양에서 전해 들어온 과학기술 성과들을 계승하고 융합한 것으로 명청 시기의 광학 기술과 문화 발전에 깊은 영향을 주었다.

정복광(鄭復光)과 그의 『경경령치(鏡鏡詒痴)』

정복광(1780년~?)(그림45)은 자는 원보(元甫)이고 호는 완향(浣香)이며 안휘(安徽) 흡현(歙縣) 사람이다. 그는 청나라 저명한 과학자이다. 정복광은 '만리의 길을 걷고 만권의 책을 읽는' 것을 배움의 방식이라고 생각하고 성실하게 이행하였다. 소년 시절에 그는 중국 각지를 유람하기 시작하였다. 유람 길에서 그는 많은 유명 학자와 장인을 사귀었다. 그는 특히 망원경에 흥미를 느꼈고, 특히 관상대의 천문 관측 기구를 관찰하였다. 정복광은 광학 문제를 연구하는 과정에 깊이 연구하는 한편, 또 한편으로는 실험하면서 자신이 깨달은 광학 원리를 구체적인 광학

[그림45] 정복광, 정내련 그림

기기 제작에 응용하였다. 이러한 고심 끝에 그는 낮이든 밤이든 모두 방영할 수 있는 슬라이드 영상기를 만들었고, 또 신비한 하늘을 관측할 수 있는 망원경([그림46])을 만들었는데, 이 망원경으로 달을 선명하게 변별할 수 있었다. 정복광은 또 한 가지 유명한 실험을 하였는데 그것은 바로 얼음으로 만든 볼록렌즈이다. 그가 사용한 도구는 큰 주전자였는데 뜨거운 물을 담은 큰 금속 주전자를 사용한 까닭은 이 주전자는 보통 바닥이 안으로 볼록하게 솟아 있기 때문이다. 이 주전자로 가공한 얼음은 당연히 동그란 모양의 볼록하게 솟은 모양이었다. 이러한 방법은 지극히 교묘하고 간단하면서 효과적이었다. 정복광은 많은 실험을 거쳐 광학 원리를 탐구해 내었는데 옛사람들의 성과나 서양의 허술한 초기 이론에 구애받지 않고 실천의 중요성을 인지하며 과감하게 연구하였다. 그의 성실한 과학적 태도와 어려움을 마다하지 않는 탐구 정신은 사람들의 존경을 자아낼 만하였다.

[그림46] 정복광이 제작한 천문 망원경(복제품)

『경경령치』는 정복광이 수십 년의 관찰, 실험과 연구를 거쳐 도광(道光) 15년(1835년)에 완성한 기하학 광학 이론 저서이다. 이 저서는 도광

26년(1846년)에 출판하였다. 「자서(自序)」에서 정복광은 이 책은 "수십 년의 시간을 거쳐 완성하였다. 또다시 수정하다 보니 수년이 지났다. 이제야 좀 조리 정연한 듯하다……."라고 지적하였다. 이처럼 집필하고 수정하는 데 10여 년의 시간을 할애한 후 인쇄에 넘겼다. 이처럼 그의 창작 태도는 매우 엄격하고 진지하였다.

『경경령치』는 당시의 중국과 서양의 광학지식을 집대성한 것으로, 중국 근대사상 최초의 비교적 완전한 광학 저서이다. 이 저서는 청나라 중기 중국의 광학 발전 수준을 대변하고 있으며 19세기 상반기 중국의 도상 과학기술 전문서이기도 하다. 또한 중국 촬영기술 발전사에서 중요한 저서이기도 하다. 책은 전체 5권으로 구성되었는데 「명원(明原)」, 「유경(類鏡)」, 「석원(釋圓)」, 「술작(述作)」 네 부분으로 나누어지고 7만여 글자이다. 저서에는 각종 반사경과 굴절 렌즈의 렌즈 질과 렌즈 형태를 요약하여 분석하였고, 빛이 각종 렌즈(주로 오목렌즈, 볼록렌즈와 렌즈 세트)를 통과한 후의 도상 형성 원리를 체계적으로 기술하였고, 각종 구리 렌즈의 제조와 구리로 된 렌즈의 빛 통과 원리에 대하여 상세하게 설명하였다.

『경경령치』의 서술 형식도 매우 특색있다. 중국과 서양의 설법을 서로 융통성 있게 통합하고 문장, 그림과 도표가 서로 어우러져 상대방을 잘 드러나 보이게 하였다. 책에서는 또 일부 광학 개념과 명사를 만들어 광학기기의 제작 원리와 사용 방법을 설명하고 있다. 그 중 「석원」 부분은 책 전체의 핵심으로 특히 뛰어나다. 주로 몇 가지 오목렌즈와 볼록렌즈의 도상 형성의 이론 문제를 기술하고 있다. 정복광은 자기 특색이 뚜렷한 「순삼한(順三限)」, 「측삼한(側三限)」의 개념을 제시하였다.

양계초(梁啓超)는 『중국근삼백년학술사(中國近三百年學術史)』에서 『경경령치』를 이렇게 평가하고 있다. "책에서의 주장은 순수 과학적이고 세밀하고 자세하며, 그 체제 구성도 순수 과학적이다. 100년 전의 광학서(光學書)에서 이 책 같은 책은 오직 중국에서만 볼 수 있으며, 아마 전 세계 최고일 것이다."[01]

추백기(鄒伯奇)와 그의 『격술보(格術補)』

[그림47] 추백기, 정내련 그림

추백기(1819~1869년)(그림47)는 자는 일악(一諤), 특부(特夫)이고 호는 징군(徵君)이며 광동 남해(南海)현 필충(泌冲) 사람이다. 그는 청나라 때의 물리학자이다. 추백기는 중국 근대 광학의 개척자이며 근대 과학기술의 선구자 중 한 사람이다. 그는 천문학, 수학, 광학, 지리학 등에 모두 깊이 있는 연구를 하였고 '경사자집(經史子集)' 등의 학문을 익히 알고 있

---

01   양계초, 『중국근삼백년학술사』, 태원: 산서고적출판사, 2011, 328쪽.

었으며 '중국과 서양 학설을 서로 결부시켜 통달'한 학자이기도 하다. 그는 공명을 버리고 과학기술 연구에 몰두하여 그 성과가 출중하며 저술도 매우 많다. 그는 수학과 물리학을 충분히 결합하여 중국 근대사에서 수학 언어로 물리(특히 광학) 문제를 해석한 첫 번째 사람이다. 추백기는 또 1844년에 직접 '촬영기(攝影器)'(그림48)를 제작하였는데 일종의 간단한 사진기로 중국이 직접 제작한 첫 번째 사진기이기도 하다.

『격술보』(그림49)는 추백기의 대표작으로, 중국 근대 시기에 비교적 완전한 기하 광학 저서이다. 그 가운데서 일부 연구는 중국 광학 분야의 공백을 메웠다. 『묵경(墨經)』과 『몽계필담(夢溪筆談)』 중 광학 관련 내용을 기초로 더욱 발전하였으며, 기하 광학의 방법으로 많은 광학 원리, 광학 기구와 광학 현상을 투철하게 분석하였다. 『격술보』는 렌즈의 형상 형성 원리, 렌즈의 형상 형성 공식, 렌즈 세트의 초점 거리, 눈과 시각의 광학 원리 및 각종 망원경과 현미경의 구조와 원리 등을 철저하게 분석하였다. 그뿐만 아니라 망원경의 시야, 대물(對物) 렌즈의 작용 및 출사동(出射瞳)과 점점 흐려지는 등의 현상에 대해서도 논지를 전개하고 있다.

[그림48] 추백기 자가 촬영(사진)

[그림49] 추백기가 제작한 촬영기

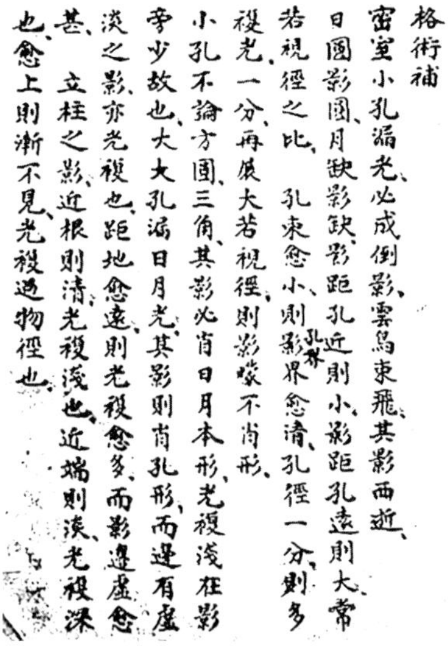

格術補

密室小孔漏光、必成倒影、雲鳥束飛、其影西近、

日圓影圓月缺影缺、距孔近則小影距孔遠則大常

若視徑之比、孔束愈小、則影界愈清孔徑一分、則多

視光一分再展大若視徑則影嫰不肖形、

小孔不論方圓三角其影必肖日月本形光視淺在影

爭少故也大大孔漏日月光其影則肖孔形而遇有盧

淡之影視也距地愈遠則光視愈多、而影邊盧愈

甚、立柱之影、近根則清光視淺也、近端則淡光視深

也愈上則漸不見光視遇物徑也、

[그림50] 추백기의 『격술보』 친필 원고

맺는말

　이 글에서는 중국 고대 및 근세 시기 도상 과학기술의 발전 과정을 개략적으로 서술하고 그 중 도상과 관련된 광학 영상 형성의 발전에 대해 중점적으로 소개하였다.

　중국 도상 과학기술의 발전은 그 역사가 유구하고 내용도 지극히 풍부하다. 여기에 중화민족의 지혜가 빛을 발하고 있다. 지금까지의 문자 기록 역사를 고찰할 때 춘추전국(春秋戰國) 시기부터 당, 송, 원, 명, 청을 거쳐 중화민국 시기에 이르기까지의 이 2000여 년의 역사에서 많은 학자가 지대한 심혈을 기울여 빛과 영상, 조리개 이미지, 볼록렌즈와 오목렌즈의 집광, 대형 암실, 소형 사진기 어둠상자 및 은이나 소금 따위의 물질이 빛을 받아 변색하는 등 현상에 대하여 장기적인 관찰과 깊이 있는 연구를 진행함으로써 도상 과학기술 및 촬영 기술의 탄생과 발전에 이바지하였다.

　도상 과학기술 발전의 기나긴 역사 속에서 적지 않은 훌륭한 과학자, 이를테면 묵적(墨翟), 유안(劉安), 왕충(王充), 장화(張華), 담초(譚峭), 심괄(沈括), 정초(鄭樵), 조우흠(趙友欽), 이시진(李時珍), 방이지(方以智), 정복광(鄭復光), 추백기(鄒伯奇) 등 과학자들은 자연의 신비한 비밀을 탐색하고 인류 생활의 질을 향상하기 위해 꾸준한 노력을 기울였다. 그들은 과학기술의 발전사에 뚜렷한 흔적을 남겨 놓았다. 그들은 과학기술의 하늘에서 빛을 내는 금성이며, 인류 역사의 기나긴 흐름 속에 그 방향을 가리키는 항로 표지로, 사람들을 뛰어난 과학의 세계로 안내하고 있다.

중국 고대와 근현대의 도상 과학기술은 그 성과가 뚜렷하며, 인재가 많고, 저술이 풍부하며 자료가 많다. 여기서 더이상 그것에 대해 상세하게 논의할 수 없다. 다만 도상 과학기술 연구와 관련된 핵심과 포인트를 골라서 소개하였다. 앞에서 서술한 내용을 정리하면 중국 고대와 근대 도상 과학기술과 관련된 발전 역사를 아래 몇 가지 특징으로 귀납할 수 있을 것이다.

첫째, 중국 고대의 도상 과학기술은 역사가 유구하고 내용이 매우 풍부하다. 중국의 도상 과학기술은 끊임없이 발전하고 있으며 각 단계의 발전 특징도 보여주고 있다. 지속적인 발전 과정에서 동주(東周)(춘추전국), 송원, 청나라에서 중화민국에 이르는 이 세 시기에 과학기술이 잇달아 최고로 발전하였다. 그중에는 내적으로 질과 양의 축적이 있었는가 하면 외적으로 원동력의 촉진도 있었다. 특히 자랑스러운 점은 기나긴 고대 역사 시기에 중국의 도상 과학기술은 자체적인 양호한 기초와 발전 원동력에 힘입어 줄곧 세계의 선두에 위치하였고, 천여 년 동안 독자적으로 세계 도상 과학기술의 발전을 이끌었다.

둘째, 명청 시기부터 중화민국에 이르는 약 600년은 중국 과학기술 발전사에서 매우 복잡하고 우여곡절이 많았기도 하지만 또 매우 중요한 단계이다. 이 시기는 전통에서 근현대로 넘어가는 과도기였다. 세계 과학기술의 발전 수준으로 볼 때 명청 시기 중국의 과학기술은 당시 비약적으로 발전하던 서양의 근대 과학기술에 비하면 훨씬 뒤떨어졌다. 그러나 중국 과학기술의 발전으로 볼 때 송, 원 시기에 왕성하게 발전하던 시기에 비하면 과학기술의 발전, 특히 도상 광학은 여전히 끊임없이 발전하였고 절대 뒤처지지 않았으며. 오히려 그 발전의 범주의 측면에서 볼 때 송, 원시기보다 더 발전하였다. 이때 중국의 도상 과학기술은 전통을 뛰어넘었고, 세계의 선진적인 도상 과학기술을 충분히 수용하여 '융합 발전기'에 있었다. 중국의 도상에 관한 인식, 탐색, 연구는 중화민국 시기에 이르러 점차 전 세계의 도상 발전과 궤도를 같이하였다. 중국은 2천여 년 동안 각각 독자적으로 평행하던 광학 도상, 도상 탐색과 도구에 의한 도상 복제 기술은 촬영 기술로 인하여 서로 접촉하게 된다.

셋째, 중국의 고대사회는 매우 많은 선진적인 도상 과학기술과 관련된 철학사상과 우수한 연구 방법을 만들었다. 이를테면 묵가(墨家)는 기원전 4세기에 빛은 직선으로 전파한다는 선진적 물리 사상을 이용하여 조리개 이미지에 대하여 과학적이고 체계적인 광학 논술을 펼쳤다. 심괄(沈括)의 주도면밀한 관찰, 능숙한 분석과 실험에 중점을 둔 과학적인 연구 방법은 당시의 중국에 중요한 핵심 역할을 했을 뿐만 아니라 세계 과학 기술사에서도 일정한 지위를 점하고 있다. 오늘날에 와서도 그의 방법들은 여전히 과학적이고 엄격하다. 중국인의 도상 과학기술에 대한 탐색이 비록 독립적인 도상학을 만들지는 못하였지만, 그들의 연구는 도상학의 무한한 발전 공간을 마련하였다.

넷째, 중국 고대의 도상 과학기술 지식은 거의 모두 생산과 실천의 경험에서 직접 나온 것이고 또 자연계에 대한 직접적인 관찰을 기초로 발전한 것으로, 직관적인 특징을 가지고 있다. 전통적인 광학은 대부분 경험적이고 정성(定性)적인 기술로 옛 과학자들의 섬세한 관찰력과 진실을 추구하는 과학 정신을 구현하고 있다. 그러나 경험적 기술을 중시하여 이성적이고 수학적인 연구 방법이 부족하므로 중국의 고대 전통 광학은 거의 현상에 대한 관찰과 기록에 머물렀다. 이론적 분석과 추상적 내용이 부족하고 양적 분석이 부족하다.

다섯째, 중국 고대사회는 문인을 중요시하고 장인을 폄하하였다. 이러한 사상은 도상 과학기술의 발전을 어느 정도 방해하였다. 그리하여 도상 과학기술을 '이상한 재주와 간사한 기교'로 취급하여 그것의 사회적 지위는 비천하였고, 이는 결국 도상 과학기술의 발전을 저해하였다. 서양에 비하여 중국 고대의 도상 과학기술에 관한 많은 연구는 그때 시기적절하게 산업화하고 생산력으로 발전시킬 생각을 미처 하지 못하였다.

여섯째, 도상 과학기술의 기초가 되는 여러 학문 간에 필요한 연계와 협력의 부족으로 각자 고립적이고 분산되어 있어서 체계를 이루지 못하였다. 도상 과학기술은 철학, 경학, 윤리학에서 분리되어 독립적인 학문을 만들지 못하였다. 그러므로 중국 고대 과학기술 전적은 바다처럼 넓고 깊지만 전문 '광학'이나 '도상학'을 연구하는 전문 저서는 단 한 권도 없다.

(이 글은 작성 과정에서 남경대학교 사진순(沙振舜) 교수와 대동(大同)대학교 정내련(程乃蓮) 교수의 전폭적인 지지와 도움을 받았다. 이에 특별히 감사의 말씀을 전한다.)

참고문헌

一、古代典籍

1. ≪诗经≫, 陈节注译, 广州: 花城出版社, 2002年。

2. ≪周礼≫, 崔高维校点, 沈阳: 辽宁教育出版社, 1997年。

3. (晋)张华撰, 范宁校正: ≪博物志校正≫, 北京: 中华书局, 1980年。

4. ≪尚书≫, 徐奇堂译注, 广州: 广州出版社, 2004年。

5. (战国)庄周: ≪庄子≫, 方勇译注, 北京: 中华书局, 2010年。

6. (战国)荀况: ≪荀子≫, 王学典编译, 北京: 中国纺织出版社, 2007年。

7. (战国)韩非撰≪韩非子≫, 秦惠彬校点, 沈阳: 辽宁教育出版社, 1997年。

8. (元)赵友钦撰: ≪革象新书 (五卷)≫, 上海: 上海古籍出版社, 1987年。

9. (晋) 葛洪撰: ≪抱朴子≫, 孙星衍校, 诸子集成本。

10. (唐)王度撰: ≪古镜记≫, 说郛(宛委山堂)本。

11. (宋)寇宗奭撰: ≪本草衍义≫, 从书集成初编本。

12. (明)李时珍撰: ≪本草纲目≫, 北京: 人民卫生出版社, 1982年。

13. (汉)刘安撰: ≪淮南子≫, 高诱注, 诸子集成本。

14. (汉)王充撰: ≪论衡≫, 诸子集成本。

15. (汉)王符撰: ≪潜夫论≫, 诸子集成本。 17

16. (元)陶宗仪撰: ≪辍耕录≫, 丛书集成初编本。

17. 刘安撰: ≪淮南万毕术≫, 孙冯翼辑, 北京: 中华书局, 1985年。

18. (宋)沈括撰: ≪梦溪笔谈≫, 四库全书本。

19. (宋)程大昌撰: ≪演繁露≫, 四库全书本。

20. (宋)周辉撰: 《清波杂志》, 四库全书本。

21. (宋)苏拭撰: 《物类相感志》, 丛书集成初编本。

22. (明)方以智撰: 《物理小识》, 北京: 商务印书馆, 1937年。

23. (清)郑复光撰: 《镜镜詅痴》, 北京: 中华书局, 1985年。

24. (清)郑光祖撰: 《一斑录》, 北京: 中国书店, 1990年。

25. (清)博明: 《西斋偶得》, 刻本, 清光緖二十六年(1900年), 南京图书馆藏。

26. (清)郑复光撰: 《费隐与知录》, 道光二十二年活字线装本。

27. (清)邹伯奇撰: 《邹征君遗书》, 同治十三年活字线装本。

28. (英)艾约瑟口译, (清)张福僖笔述: 《光论》, 丛书集成初编本。

29. 谭峭撰, 丁祯彦、李似珍点校: 《化书》, 北京: 中华书局, 1996年。

30. (唐)段成式撰: 《酉阳杂俎》, 方南生点校, 北京: 中华书局, 1981年。

31. (清)孙云球: 《镜史》, 康熙辛酉(1681年)序刻本, 上海图书馆藏。

32. (汉)班固: 《汉书》, 北京: 中华书局, 2007年

33. (战国)左丘明: 《左传》, (西晋)杜预集解, 上海古籍出版社, 1997年

34. (宋)沈括: 《梦溪笔谈》, 上海: 上海书店出版社, 2003年。

二、典籍译注

35. 《周礼全译》, 吕友仁译注, 郑州: 中州古籍出版社, 2004年。

36. 《今古文尚书全译》, 江灏等译注, 贵阳: 贵州人民出版社, 2009年

37. 《考工记译注》, 闻人军译注, 上海: 上海古籍出版社, 1993年。

38. 《墨经分类译注》, 谭戒甫译注, 北京: 中华书局.1981年。

39. 《诗经全译》, 袁愈荌译注, 贵阳: 贵州人民出版社, 2008年。

40. 《诗经译注》(修订本), 周振甫译注, 北京: 中华书局, 2010年

41. (汉)刘安撰: 《淮南子(白话彩图全本)》, 重庆: 重庆出版社, 2007年。

42. (汉)王充撰: 《论衡全译》, 袁华忠, 方家常译注贵阳: 贵州人民出版社, 1993年。

43. 方孝博: 《墨经中的数学和物理学》, 北京: 中国社会科学技术出版社, 1983年。

44. (宋)沈括: 《梦溪笔谈选读.自然科学技术部分》, 李群注释, 北京: 科学技术出版社,

1975年。

45. (汉)刘安等撰：《中国古典名著 淮南子》, 齐豫生 夏于全主编, 长春: 北方妇女儿童出版社, 2006年。

46. (汉)刘安等撰：《白话淮南子》, 西安: 三秦出版社, 1998年。

47. 王 充原著：《白话论衡》, 陈建初等今译, 长沙: 岳麓书社, 1997年。

48. 中国科学技术大学合肥钢铁公司《梦溪笔谈》译注组：《梦溪笔谈译注 自然科学技术部分》, 合肥: 安徽科学技术出版社, 1979年。

49. 王竹星主编：《本草纲目白话精解》, 天津: 天津科学技术出版社, 2008

50. [晋]张华原著：《博物志全译》, 贵阳: 贵州人民出版社, 1992年。

51. 钱超尘, 董连荣主编：《本草纲目详译》, 太原: 山西科学技术出版社, 1999年。

52. 王 充原著：《论衡全译(中)》, 袁华忠, 万家常译, 贵阳: 贵州人民出版社, 1993年。

53. 王符 (汉)：《潜夫论全译》, 贵阳: 贵州人民出版社, 1999年。

54. 葛洪 (晋), 顾久译注：《抱朴子内篇全译》, 贵阳: 贵州人民出版社, 1995年。

55. (唐)段成式撰, 许逸民注评：《酉阳杂俎》, 北京: 学苑出版社, 2001年。

56. (唐)段成式撰, 金桑选译：《酉阳杂俎》, 杭州: 浙江古籍出版社, 1987年。

57 (战国)韩非子著：《韩非子》, 高华平等译注, 北京: 中华书局, 2010年。

58. (汉)司马迁：《史记》, 韩兆琦译, 北京: 中华书局, 2008年

三、中文现代书籍

关增建：《中国古代科学技术史纲·理化卷》, 沈阳: 辽宁教育出版社, 1996年。

戴念祖主编：《中国科学技术史: 物理学卷》, 北京: 科学技术出版社, 2001年。

麦群忠：《中国古代科技要籍简介》, 太原: 山西人民出版社, 1984年。

齐豫生：《中华文学名著百部(第四十七部)》, 乌鲁木齐: 新疆青少年出版社, 2000年。

齐豫生 夏于全主编：《文白对照四库全书—子部下》, 延吉: 延边人民出版社, 1999年。

刘树勇：《中国古代科技名著》, 北京: 首都师范大学出版社, 1994年。

董福长：《中国古代科技集锦》, 哈尔滨: 黑龙江科学技术出版社, 1987年。

齐豫生 夏于全主编：《中国古典名著 淮南子》, (汉)刘安等撰, 长春: 北方妇女儿童出版

社, 2006年。

⑷刘安等撰: ≪白话淮南子≫, 西安: 三秦出版社, 1998年。

戴念祖: ≪中国古代物理学≫, 北京: 商务印书馆, 1997年。

戴念祖: ≪古代物理学史≫, 长沙: 湖南教育出版社, 2002年。

王春恒: ≪中国古代物理学史≫, 兰州: 甘肃教育出版社, 2002年。

王锦光: ≪中国光学史≫, 长沙: 湖南教育出版社, 1986年。

王锦光: ≪中国古代物理学史话≫, 石家庄: 河北人民出版社, 1981年。

戴念祖主编: ≪中国物理学史大系 光学史≫, 长沙: 湖南教育出版社, 2001年。

戴念祖 刘树勇: ≪中国物理学史 古代卷≫, 南宁: 广西教育出版社, 2006年。

任继愈主编: ≪中国古代物理学≫, 济南: 山东教育出版社, 1991年。

郭玉兰: ≪中国古代物理学≫, 北京: 北京科学技术出版社, 1995年。

胡志川主编: ≪中国摄影史 1840-1937≫, 北京: 中国摄影出版社, 1987年。

伍素心: ≪中国摄影史话≫, 沈阳: 辽宁美术出版社, 1984年。

龙憙祖: ≪图像与艺术≫, 沈阳: 辽宁美术出版社, 2000年。

吴 刚: ≪摄影史话≫, 北京: 中国摄影出版社, 2006年。

张秉伦等主编: ≪科技集粹≫, 合肥: 安徽人民出版社, 1999年。

自然科学技术研究所编: ≪科技史文集 第12辑 物理学史专辑≫, 上海: 上海科学技术出
    版社, 1984年。

刘克明: ≪中国图学思想史≫, 北京: 科学技术出版社, 2008年。

厚宇德: ≪中国古代科学与技术思想史专题研究≫, 北京: 北京科学技术出版社, 2006
    年。

邢春如: ≪古代物理世界(上、下)≫, 沈阳: 辽海出版社, 2007年。

蔡宾牟袁运开主编: ≪物理学史讲义－中国古代部份≫, 北京: 高等教育出版社, 1985
    年。

方励之主编: ≪科学技术史论集≫, 合肥: 中国科学技术技术大学出版社, 1987年。

包和平, 王学艳: ≪中国传统文化名著展评≫, 北京: 北京图书馆出版社, 2006年。

张安奇 步近智: ≪中国学术思想史稿≫, 北京: 中国社会科学技术出版社, 2007年。

盖建民: ≪道教科学技术思想发凡≫, 北京: 社会科学技术文献出版社, 2005年。

李瑞峰, 彭永祥编: 《世界摄影年谱》(上), 北京: 中国摄影家协会研究室编《中国摄影史料》第四辑, 1982年6月。

李瑞峰, 彭永祥编: 《世界摄影年谱》(下), 北京: 中国摄影家协会研究室编《中国摄影史料》第五、六辑合刊, 1983年2月。

王雅伦: 《法国珍藏早期台湾影像》, 台北: 台湾雄狮图书股份有限公司, 1997年。

胡化凯: 《物理学史二十讲》, 合肥: 中国科学技术大学出版社, 2009年。

任继愈.主编: 《中国科学技术典籍通汇 物理学卷》, 郑州: 河南教育出版社, 1995年。

(英)李约瑟/潘吉星主编: 《李约瑟文集》, 沈阳: 辽宁科学技术出版社, 1986年。

杨力: 《中华五千年科学技术经典》, 北京: 中国科学技术出版社, 1999年。

王冰: 《中国物理学史大系 中外物理交流史》, 长沙: 湖南教育出版社, 2001年。

任继愈.主编: 《中国科学技术典籍通汇 综合卷》, 郑州: 河南教育出版社, 1995年。

郭金彬: 《中国传统科学技术思想史论》, 北京: 知识出版社, 1993年。

林德宏主编: 《科技巨著》, 北京: 中国青年出版社, 2000年。

郭奕玲, 沈慧君: 《物理学史》, 北京: 清华大学出版社, 1993年。

自然科学技术史所主编: 《中国古代到技成就》, 北京: 中国青年出版让, 1978年。

刘筱莉, 仲扣庄: 《物理学史》, 南京: 南京师范大学出版社, 2001年。

吴秋林: 《图像文化人类学》, 北京: 民族出版社, 2010年。

吴群: 《中国摄影发展历程》, 北京: 新华出版社, 1986年。

南炳文: 《清代文化传统的总结和中西大交流的发展》, 天津: 天津古籍出版社, 1991年。

刘旭, 王珏人, 张晓洁: 《东亚地区光学教育与产业发展》, 杭州: 浙江大学出版社, 2009年。

洪修平主编: 《儒佛道哲学名著选编》, 南京: 南京大学出版社, 2006年。

阙勋吾主编 : 《中国历史文选 下册》, 北京: 高等教育出版社, 1993年。

刘文英: 《王符评传》, 南京: 南京大学出版社, 1993年。

卢嘉锡, 席宗泽主编: 《彩色插图中国科学技术史》, 北京: 中国科学技术出版社, 1997年。

王兴文: 《图说中国文化·科技卷》, 长春: 吉林人民出版社, 2007年。

王 志: 《图说中国文化·思想卷》, 长春: 吉林人民出版社, 2007年。

张国华, 左玉河：《图说中国文化·器物卷》, 长春: 吉林人民出版社, 2007年。

王月前, 洪 石：《图说中国文化·考古发现卷》, 长春: 吉林人民出版社, 2007年。

徐湖平：《图说中华五千年》, 南京: 江苏少年儿童出版社, 2002年。

何明主编：《中国科学技术院第一批学部委员(数学物理学化学部、技术科学技术部)》, 北京: 中国大百科全书出版社, 2010年。

秦孝仪主编：《中华民国文化发展史》第3册, 台湾近代中国出版社, 1981年, 第1257页。

史全生主编的《中华民国文化史·前言》, 长春: 吉林文史出版社, 1990年。

王建国, 王建军：《新编中国历史大事表》, 银川: 宁夏人民出版社, 2010年。

宣明主编：《王大珩》, 北京: 科学技术出版社, 2005年。

王运锋, 马振行：《.留学生的足迹(中国与世界卷)》, 通辽: 内蒙古少年儿童出版社, 2003年。

66.梁启超：《中国近三百年学术史》, 太原: 山西古籍出版社, 2011年。

67. (英)李约瑟：《中国科学技术史》第1卷, 上海: 科学技术出版社、上海古籍出版社, 1990 年。

68. (美)卡特：《中国印刷术的发明和它的西传》, 吴泽炎译, 商务印书馆, 1957第1版, 1991第4次印刷。

四、论文

徐克明：《墨家物理学成就述评》, 《物理》, 1976年1期、4期。

李 迪：《我国古代对色散的认识》, 《物理》, 1976年3期。

王锦光、李胜兰：《博明和他的光学知识》, 《自然科学技术史研究》, 1987年第4期。

银 河：《我国十四世纪科学技术家赵友钦的光学实验》, 《物理通报》, 1956年4期。

银 河：《我国古代发明的潜望镜》, 《物理通报》, 1957年7期。

金秋鹏：《中国古代光学成就》, 《中国古代科技成就》, 第182—194页, 中国青年出版社, 1978年。

孙成晟："明清之际西方光学知识在中国的传播及其影响", 《自然科学技术史研究》, 2007年第3期。

王荔：≪清代蒙古族诗人博明研究述评≫，≪文学界(理论版)，2012年第6期。

胡志川：≪我国摄影艺术理论的创立和发展≫，朱家实：≪摄影艺术论文集≫，北京：中国摄影出版社，1986年。

刘昭民≪我国古代对海市蜃楼现象的认识≫，≪中国科技史料≫，1990年，第2期，第11-21页。

黄世瑞：≪化书中的科学技术思想≫，≪华南师范大学学报≫，1991年，第2期，第15-19页。

唐玄之：≪中国古代光学家≫，≪工科物理≫，1997年，第1期。

李约瑟：≪江苏的光学技艺家≫，见潘吉星主编：≪李约瑟文集≫，辽宁科学技术出版社，1986年，第533页。

胡化凯 吉晓华：≪≪道藏≫中的一些光学史料≫，≪中国科技史料≫，2004年，第2期，第167—174页。

郑大华：≪论民国时期西学东渐的特点≫≪中州学刊≫，2002年，第5期，第118-121页。

도상 및 도상학

도상은 인류의 가장 유구하고도 끊임없이 새롭게 탈바꿈하는 문화 유전자이다. 각각의 시각적 도상 모두 인류의 정신적 패턴을 보여주고 있다. 유인원이 처음으로 몽둥이를 휘두르고, 돌멩이를 내던질 때부터 도상은 인류사회와 함께하면서 인류의 정감과 자연, 세계에 대한 인지를 표현하였다. 이렇듯 도상은 인류가 걸어 온 모든 역사적 과정을 기록하고 있으며 유인원에서 인류에 이르는, 오늘날까지의 완전한 문화 유전자 계보를 형성하였다. 도상은 직관적이면서, 읽기에도 쉽고 편하다. 그러나 경우에 따라 그것을 진정으로 읽어낸다는 것은 결코 쉬운 일이 아니다. 도상학은 사람들이 과학적이고 체계적으로 도상을 그리고 도상을 분석하고 도상을 해석하려고 만든 학문이다. 도상은 매우 오래 되었지만 도상학은 신형 학문에 속한다. 그리고 도상학은 동서양 사회환경에서 발생하고 발전한 시각 형식, 문화 형태와 역사의 학문적 형태가 서로 다르다. 이 글은 문화전파의 관점에서 간략하게나마 도상을 고찰하고 도상학의 발생 경로를 살펴봄으로써 도상 문화전파의 생성 규칙과 사회 운영 습관을 제시하고자 한다.

도상은 인류가 세계를 인지하고 파악하며 반영하는 도구로써 인문과학과 사회과학의 연구 범주에 속하면서 자연과학의 연구 대상이기도 하다. 도상의 역사는 곧 인류 문명의 변화 발전사이다. 그것은 인류 역사의 가장 유효한 기억이며 동시에 또 기억에 의해 역사가 된다. 도상학은 시기별로 도상에 대해 다르게 해석하도록 요구한다. 그러나 도상의 '의의'에 대한 최종적인 노력과 탐구는 예전부터 지금까지 변한 적이 없다. 오늘날 도상에 대한 사회적 수요는 갈수록 늘고 있으며 도상은 가장 흔한 대중적 소비 물자로까지 되었다. 도상학도 도상의 사회적 수요처럼 핫한 학문이 되고 나서는 학술 소비 영역에서 가장 만만한 학술 제품이 되었다. 도상도, 도상학도 이목을 집중시키면서 시끌벅적하지만 진정으로 도상 연구를 묵묵히 해 온 사람들만 이 초심을 지키면서 응용도상학 구축에 심혈을 기울이고 있다.

도상은 현대 사회에서 가장 효과적인 시각적 전파 매체이며 또한 보편적인 대중 매체 문화이다. 시각 전파는 바로 도상 매체를 통해 문화가 공유하는 부호를 전달하는 과정이다. 도상은 지식을 전파하고 문명사회를 구축하는 기초로서, 세계에 대한 사람들의 인지와 상상을 실현해 주며 또는 그것을 위한 방법이기도 하다.

1. 도상

인간이 역사를 기록하고 세계를 특성화하고 문명을 전파하는 데는 두 가지 방법이 있는데 하나는 어문(언어, 언어 행위, 문자, 추상적 기호 등)을 주요 매개체로 하는 선형적이고 역사적이며 논리적인 기술로 전파하는 것이다. 다른 하나는 이미지(도형, 그래픽, 영상, 구조적 기호 등)를 주요 매개체로 하는 평면적이고 공시적이며 감성적인 묘사로 전파하는 것이다. 첫 번 째 어문 기록의 전파 방식은 지난 5천 년 동안 점차 인류의 주요 기록, 표증 및 전파 수단이 되었으며 충분한 발전을 이루고 인류 사회의 절대적인 인정을 받았다. 반면, 수만 년 또는 수십만 년의 역사를 가지고 있으며 많은 문화 정보를 보유하고 있는 이미지 표증의 전파 형태는 늘 주목을 받지 못한 채 충분한 과학적 해석이 이루어지지 않았으며 이미지 형태와 언어 형태의 논리적 인과 관계는 효과적인 접점을 찾지 못하고 있다.

가. 도상

도상은 도형과 영상의 총칭이다. 이러한 단면적이고 공시적이며 감성적인 서술 방식은 인류 시각 문명의 기초를 구축하였으며 시각문화의 기본적 모습을 만들었다. 또 어떤 사람은 도상이란 단어에서 '도'는 도형을 가리키고 '상'은 도형 속의 의미를 가리키는 것으로, '도'를 매체로 하는 형이상적 문화 개념이라고 주장한다. 진조복(陳兆復) 선생도 도상은 반드시 인위적인 것으로 인간의 정신과 의식이 첨가된 일정한 문화적 함의인 점을 강조하고 있다. 인위적인 시각 도형과 영상으로서의 도상은 자연 세계의 본연적 표현과 기계적인 생산이 될 수 없다. 그것은 인류의 정신, 감정과 인지 태도가 포함된 주관적인 체험이고 재창조로써, 인류가 세계를 파악하고 세계를 표현하는 기본 수단이며, 인류 문화를 전파하고 공유하는 기본 매개체이다. 이 점 역시 본 연구가 도상을 논의하는 근거이다.

도상의 역사는 사실 인류의 '보는' 역사이다.

중국은 '왼쪽은 그림, 오른쪽은 글'이라는 문화 전통을 가지고 있다. 대일(戴逸) 교수의 고증에 따르면, 도록이란 단어는 동한 시기에 처음으로 출현했고, 도상이란 단어는 동진 시기의 불교 경전 문헌인 『대정장(大正藏)』에 『도상』만을 기록한 권책이 있었다. 송나라 시기에 이르러 도상은 전문적인 학문이 되었다.

우리는 지금 그동안 인류가 '보는' 세계에서 보고 느끼고 생각하고 소원하는 따위들을 얼마나 그림으로 남겼는지 가늠할 수 없다. 아니, 대량의 흔적들이 이미 사라졌다고 해야 할 것이다. 그렇지만 지금 얼마 남지 않은 도상들도 이미 사람들의 예상을 훨씬 뛰어넘을 정도로 많다. 남아 있는 이런 도상 앞에서 우리들은 여전히 그것이 가지고 있는 역사적 흔적들을 찾아볼 수 있다.

유감스러운 것은 지금까지 그 누구도 도상학의 관점에서 중국의 도상 문화의 전파 역사를 정리하지 않았고 그 누구도 이론적인 측면에서 중국문화 속 도상의 역사에 대해 진지하게 고민하지 않았다는 점이다.

서양 학자들은 도상과 관련된 icon, picture, image 등의 단어들에 대하여 구분하였다. 그 중 첫 번째 용어는 파노프스키(Erwin Panofsky)에게서 차용하였는데 언어학적 의미의 기호를 가리킨다. 중국어로는 일반적으로 '어상(語象)' 혹은 '상사(象似)'로 번역된다. 두 번째 용어는 일반적 의미의 '도편(圖片)'으로 도상의 통속화와 대중화를 강조한다. 세 번째 용어는 '형상(形象)' 혹은 '의상(意象)'으로 번역되는데 각종 그림의 원본으로 이해할 수 있다. 그림은 가공할 수 있고 수정도 할 수 있으며 왜곡도 되고, 심지어 찢어 파기할 수도 있다. 그러나 고쳐 뜯을 수 없는 원본 도상은 바로 '의상'이 된다. 이를테면 비디오텍스나 심상도(心象圖) 등이다. 이 외에 서양의 도상 이론에 어도(語圖) 혹은 도문(圖文)의 관계를 지칭하는 전문용어가 있는데 이것이 바로 ekphrasis[01]이다.

마찬가지로 중국의 전통적 학술도 역사를 기록하고 역사를 연구하는 과정에서 도상의 기능을 중시하였다. 『세본·작편(世本·作篇)』에서는 "복희가 팔괘를 그리고 창힐이 한자를 창제하였다"라고 기록하고 있다. 비록 전설에 불과한 기록이지만 당시 사람들의 이념 가운데 그림 문헌의 기원이 아주 이를 뿐만 아니라, 문자 문헌 못지 않게 중요하였다는 것을 알 수 있다. 송나라 사람 정초(鄭樵)는 『통지·도보략(通志·圖譜略)』에서 그림과 문자의 관계에 관하여 매우 훌륭한 논술을 남겼다. 이미 많이 알려진 것이지만 여기서 다시 한번 옮기도록 한다.

---

01   왕안, 문학이 도상을 조우할 때, 중국사회과학보, 2013.9.27.

황하에 그림이 있어 천지간에 자연의 도상이 있게 되었고 낙수에 글이 있어 천지 간에 자연의 도리가 있게 되었다. 천지간의 이 두 사물을 성인이 받으니 모든 조대(朝代)의 문물 제도는 반드시 이 법칙을 따라야 하고 소홀히 해서는 안 된다. 그림은 마치 직기의 세로선 같고 글은 마치 직기의 가로선과 같다. 종횡으로 서로 뒤섞여 얽혀야 천을 짤 수 있다. 그림은 식물이요, 글은 동물이다. 동식물이 서로 어울려야 자연계는 변화 무궁할 수 있다. 글만 있고 그림이 없다면 마치 소리만 들리고 사람의 그림자는 볼 수 없는 것과 마찬가지이며 그림만 보고 글을 보지 않는다면 마치 사람의 그림자만 보고 소리는 듣지 않는 것과 같다. 그림은 매우 간략하고 글은 매우 넓고 복잡하다. 그러므로 그림을 통하면 쉽게 이해할 수 있지만 글만 보고는 이해하기가 매우 어렵다. 옛날 공부하는 사람들은 책을 읽을 때 원칙이 있었는데 즉 그림은 왼쪽에 두고 글은 오른쪽에 두었던 것이다. 그림에서 형상을 얻고 글에서 이치를 터득하였다. 그러므로 옛날 사람들은 매우 쉽고 편하게 공부하였고 학문적으로 성공하기도 쉬웠다. 이러한 학습법을 널리 시행하는 것은 곧 좌계(左契)를 손에 가진 것과 같다. 후에 와서 학문을 하는 자들은 그림과 글을 분리하여 문장을 숭상하면서 해설에만 힘을 쏟았다. 그러므로 사람들은 학문을 하기 힘들었을 뿐만 아니라 성공하기도 어려웠다. 비록 평상시에는 많은 글을 읽었지만 진정 어떤 일을 하자면 눈앞이 캄캄하여 어찌할 바를 몰랐다.

정초는 그림을 '색상(索象)'의 근본으로 삼고 글을 '색리(索理)'의 도경으로 삼았으며 '그림은 왼쪽에, 글은 오른쪽에 두는 것'을 학문을 하는 방법으로 삼았는데 실로 고견이 아닐 수 없다. 아쉬운 점은 후세 학자들이 몸소 시행하지 못하고 여전히 '그림을 떠나 글만 가까이하면서 문장을 숭상하고 이론에 힘썼다.'는 것이다. 그리하여 그림과 글을 똑같이 중요시하던 오랜 전통은 결국 지속적인 발전을 하지 못하였을 뿐만 아니라 오히려 점차 쇠하여 새벽하늘의 별처럼 엉성해 지고 말았다.

사실 도상은 생겨날 때부터 '의미'적 텍스트만은 아니었다. 도상은 의미의 생성을 부추겼지만 의미적 인지는 아니었다. 다시 말해서 '도상'은 이미 이데올로기 전파 과정에 주요한 매개로 전환을 한 것이다. 사람들은 도상이란 매개를 이용하여 세계에 대하여 물질적 실체와 정신적 상징을 인지하고자 한 것이다.

1. 인류가 세상에 대한 이해

인류는 생겨나면서부터 줄곧 그들이 생존하고 있는 이 세계를 파악하는 것을 최고의 이상으로 삼았다. 그들은 바로 이 세계를 파악하기 위하여 도상을 창조하고 도상을 사용하고 도상을 이용하였다.

인류는 석기를 만들 때부터 도상도 함께 창조하기 시작하였다. 진조복(陳兆復) 선생은 고대 암반 그림과 기타 여러 기물 도상의 출현은 인류가 도상에 대하여 기본적으로 파악하였음을 대변하고 있고, 이때부터 인류는 도상이라는 형식을 이용하여 세계를 파악하기 시작하였고 따라서 인류의 도상문화사도 생겨난 것으로 간주한다.

도상은 인류 문화가 발전하는 초기에 그 무엇도 대체할 수 없는 특수한 의미가 있었다. 그것은 인류의 물질적 존재와 정신적 존재를 표현하는 최초의 문화 형태이다. 만일 우리들이 응용 영역, 담론 기능과 문화 가치로 도상을 평가한다고 할 때 도상에 대하여 더욱더 거시적이고 전면적인 이해를 할 수 있을 뿐만 아니라 또한 전통적 관념으로 인한 좁은 인식에서 벗어나 도상이 지닌 의미에 대하여 더욱 깊고 철저한 이해를 할 수 있다. 더욱 중요한 것은 언어 문자 못지않게 도상에 인류 문화와 문명을 추진하는 가치를 부여하게 된다. 이렇게 인식해야만 진정의 의미에서의 인류 문화사를 구축할 수 있다.

인류 발전사에서 도상을 통하여 정보를 획득하고 정감을 전달하는 방식은 문자에 비하여 수백 만년 먼저 시작되었다. 그뿐만 아니라 어떤 면에서는 도상은 문자로서는 이루기 힘든 장점이 있다. 말하자면 흔히들 '백문불여일견(百聞不如一見)'이라든가 '귀로 듣는 것은 허상이고 눈에 보이는 것이 실상(以聽爲虛,眼見爲實)'이라든가 '그림에 따라 준마를 찾는다(可按圖索驥)'고 하지만 문자의 발명은 결국 도상의 지위를 대체하게 된다. 그러나 오르막길이 있으면 내리막길도 있다는 말처럼 지금 디지털 기술의 발전으로 '도상의 시대'는 다시 우리에게 바싹 다가왔다. 도상은 이미 이데올로기 전파 과정에 일부 매체의 중요한 형식이 되었다. 신형 과학기술에 의해 완성된 도상 작품은 정확하고 세밀하며 그것을 복제하고 전파하는 효과도 더 이상 문자를 통해 정보를 획득하고 전파하는 전통적인 방식과는 비교가 되지 않는다.

원시 도상을 보존하여 온다는 것은 매우 어려운 일이다. 그것이 보존되어 남아 있더라도 발견하기는 결코 쉬운 일이 아니다. 그 가운데서 3/4은 최근 50년 안에 발견한 것이다. 근현대의 원시 부락의 도상 예술은 직접적으로 원시 도상의 전통을 이어받은 것임은 말할 나위도 없다. 부락의 도상 작품이 사용한 소재는 대부분 쉽게 변질하는 유기물로 자연환경에서 오랫동안 보존할 수 없다. 이러한 원시 도상은 이제 도시화와 문자가 가져온 사회혁명 및 기술혁명에 묻히고 말았다.

지구가 인류의 삶의 터전이 된 지도 수백만 년이 되었다. 그중 대부분의 시간은 문자가 없는 시대를 살았다. 인류는 주로 시각 중심의 직감적 경험을 통하여 세계를 이해하고 파악하며 또 시각적인 도화(圖畫)와 부호로 세계를 그리고 세계를 표현한다. 만일 우리들이 문자가 발생하기 전의 역사를 '선사 시대'라고 칭한다면 이것은 분명 적절하지 않다. 이에 혹자는 또 문자가 생기기 전의 역사 시기를 '원시 시대'라고 한다. 이때 인류가 처한 사회는 원시사회인데 그렇게 길 수가 없다. 구석기시대로부터 신석기시대 후기까지 이르러 인류 역사의 약 99퍼센트 이상을 차지한다.[02]

2. 인류가 세상에 대한 상상

우매하고 무지한 원시 선민들은 몸 밖의 세계에 대하여 두려움과 호기심으로 탐구하려는 갈망으로 차 있었다. 열악한 생존 경쟁환경에서 사람들은 은연 중에 하느님이 보우하기를 기대하고 평안과 건강, 종족의 번성과 행복을 빌었다. 이런 것들은 신비한 무술적 색채와 중대한 의례 기능을 지닌 조각과 회화 활동을 탄생시켰다. 그뿐만 아니라 인류 도상을 만들어낸 최초의 기원이 되기도 하였다. 사람들은 세상에 대한 상상을 도상 형식을 빌어 표현하였는데 도상을 그리는 것이 일종의 강한 마력과 의례성을 갖는 행위가 되었다. 더 나아가 토템 및 토템 문화를 창조하는 변화를 가져왔다.

---

02   천자오 푸(陳兆複), 『중화도상문화사·원시권』, 중국촬영출판사, 2017.

이른바 토템이란 곧 원시시대 사람들이 어떤 동물이나 식물 혹은 무생물 따위들을 자신의 친족, 선조나 보호신으로 삼는 것을 말한다. 고대인들은 그것들이 자신을 해치지 않을 뿐만 아니라 또 자신을 보호해 주며 심지어 그것들로부터 초인간적 힘과 용기와 재능을 얻을 수 있다고 믿었다. 사람들은 숭경하는 마음으로 그것들을 대하였다. 그러므로 대개는 그것들을 해치면 안 된다고 믿었다. 씨족, 부락이나 가족 등 사회 조직을 토템으로 명명하고 또 토템을 징표 혹은 상징으로 삼았다.

학계에서는 일반적으로 토템을 씨족의 징표와 상징으로 생각한다. 혹은 어느 집단의 혈연적 친족으로 보는데 사실상 이러한 관점은 믿을 만한 근거가 없다. 토템에는 여러 가지 유형이 있는데 씨족 토템이 있는가 하면 또 포족(胞族)토템, 부락 토템과 민족 토템이 있고 그리고 개인 토템과 가정 토템이나 가족 토템도 있다. 토템의 정의에 대해서도 큰 차이를 보이는데 일부는 그것을 친족으로 보고 일부는 선조로 간주하거나 또는 수호신으로 모시기도 하며 다른 것들과 구분하는 징표로 삼기도 한다.

이른바 토템 문화란 곧 토템 관념이 생산해 낸 여러 가지 문화현상을 가리킨다. 즉 원시시대 사람들은 토템을 친족, 선조 혹은 수호신으로 삼은 후 토템에 대한 존경심을 표현하기 위하여 여러 가지 문화현상을 만든 것이다. 이러한 문화현상을 영어권에서는 'totemism'이라고 부르는데 중국어로는 '토템주의(圖騰主義)', '토템제도(圖騰制度)', '토템숭배(圖騰崇拜)', '토템교(圖騰敎)', '토템관(圖騰觀)', '토템문화(圖騰文化)' 등으로 번역할 수 있다. 현재 널리 받아 들여진 용어는 '토템숭배(圖騰崇拜)'이다. 사실상 토템과 관련된 각종 관념, 현상과 습관 등은 그 내용이 매우 넓고 그것이 포함하고 있는 문화현상도 다방면에 걸쳐 있다. 단 '주의', '제도', '숭배', '종교', '관념' 등의 단어로는 그것이 가리키고 있는 의미를 모두 포함할 수 없다. 그러나 '문화'라는 단어는 그 뜻이 비교적 넓은 것으로 각종 토템 문화의 특질을 모두 개괄할 수 있다. 그러므로 넓은 의미에서 지칭할 때 '토템 문화'가 비교적 합당하다.

토템 문화의 실질에 대하여서도 학계에서는 의견이 갈린다. 그 견해들을 귀납하면 주로 아래 네 가지 설법이 있다. 첫째, 토템 문화는 일종의 종교 신앙이다. 둘째, 토템 문화는 반(半)사회적이고 반(半)종교적인 문화현상이다. 셋째, 토템 문화는 일종의 사회조직 제도 혹은 문화 제도이다. 넷째, 토템 문화는 일종의 사회 이데올로기이다. 결국 토템 문화는 인류 초창기의 혼란스럽고 하나의 갈래로 확립되지 않은 일종의 문화현상이다. 인류사회의 초기에 사회의식과 종교의식은 서로 엉켜있었다. 그러므로 토템 문화는 종교문화이면서 사회문화로 볼 수 있다.

토템 문화는 인류 역사상 가장 유구하고 가장 기이한 문화현상의 하나이다. 토템 문화의 핵심은 토템 관념이다. 이러한 토템 관념은 원시인의 상상력과 창조력을 불러일으켰고 점차 토템의 명칭, 토템 징표, 토템 금기, 토템 외혼(外婚), 토템 의식, 토템 생육 신앙, 토템 화신(化身) 신앙, 토템 성물(聖物), 토템 성지, 토템 신화, 토템 예술이 생겨났다. 그리하여 독특하고도 다채로운 토템 문화를 형성하였다.

3. 인류가 세계에 대한 표상

문명이 처음으로 시작되던 곳에서 도상 문화는 지극히 순박하다. 도상에 대한 사람들의 상징적 표현을 가장 선명하게 드러내는 것은 뭐

니뭐니 해도 '예'와 '의'보다 나은 것이 없다. 중국의 하, 상, 주 왕조부터 진한 시기에 이르기까지 사람들은 도상으로 세계를 상징하는 것이 그 시기 최고조에 달했다.

이 시기를 학자들은 중국의 청동기시대라고 부른다. 예의 제도의 장치로서의 청동 기구는 당시 종법 제도에서 엄격히 엘리트 계층에 속한 것이었다.[0304] 청동으로 된 예기(禮器)에 새긴 도상은 독특한 문화 징표 방식을 구현하였는데 그릇은 '예'를 표현하는 것에 중점을 두고 그림은 '징표'를 나타내는 것에 중점을 두었다.

요즘 사람들에 있어서, 이 시기의 도상은 해독하기 매우 어렵고 그 해석의 과정도 상대적으로 어렵다. 요즘 사람들은 당시의 종법 제도를 잘 모르고, 그것을 사용하는 엘리트층에 대해서도 잘 알지 못한다. 그리하여 서로 관련 있는 도상이 상징하는 바를 이해하는 데도 어려움이 있기 마련이다. 그러나 만약 우리들이 도상학 자체의 방법을 버리지 않고 거기에 고분 예술을 연구하는 방법을 첨가하여 도상을 원래의 시간과 공간 좌표 체계 내에 두고 고찰한다면, 이 시기 도상의 역사적 언어 환경을 회복하는데 가능성을 제공한다.

이어서 논의할 문제는 중화 제국은 도상이 존재하지 않는 곳이 거의 없다는 점이다. 현실 생활 속에서 동경(銅鏡), 칠기(漆器), 동기(銅器), 복식, 궁전 장식 등은 모두 도상으로 장식하였다. 그리고 사후(死後)에도 여전히 도상 세계에서 생활하였다. 백화(帛畵), 벽화, 화상석(畵像石), 화상전(畵像磚)은 모두 도상을 표현하는 매개물이 되었고 사람들은 생

---

03   허싱량(何星亮), 『중화도상문화사·토템권』, 중국촬영출판사, 2017 참조.
04   장충(張翀), 『중화도상문화사·선진권』, 중국촬영출판사, 2016 참조.

전에 누리던 혜택을 사후에도 이 도상 세계에서 실현되기를 바랐다.[05]

4. 세상에 대한 인류의 신앙

세상에 대한 인류의 신앙은 종교 도상의 발전 과정에서 집중적으로 표현된다. 중국에서는 불교 도상의 발전이 특히 사람들의 신앙에 대한 시각화 방식을 가장 잘 반영하고 있다.

불교 도상은 인도에서 기원하였다. 그 후에 아시아 각지로 전파되었는데 서로 다른 시대, 지역 문화의 배경에서 현란하고도 다채로운 도상 모습을 드러내고 있다. 불교 도상은 장기적인 발전과 변화를 거쳐 풍부한 도상 문화유산을 남겨 놓았다. 이는 불교 신앙의 보편성에서 구현될 뿐만 아니라 또 여러 민족의 심미적 취미와 문화 정신까지도 담고 있다. 중국의 불교 도상의 형성과 발전은 인도의 영향을 말하지 않을 수 없다. 중국의 불교 도상은 그 연대가 유구하고 분포 지역도 매우 넓다. 또 그것은 역사적 유산이 풍부하고 성과가 찬란하여 불교 도상 역사에서 독보적이라고 할 수 있다. 인도와 중앙아시아의 여러 지역에 비해 중국의 불교 도상은 그 자체만의 뚜렷한 특징을 가지고 있다.

중국의 불교 도상의 소재는 주로 불교의 현종이나 밀종의 경전에서 기원하였다. 또 불교와 관련된 고사와 전설에서도 기원하고 있어서 그 소재는 매우 광범위하다. 그것의 표현 내용을 고찰할 때 불교 존상(尊像), 불교 이야기와 경변(經變, 경변이란 불교 내용 혹은 불교 전래 이야기에 따라 그린 그림을 가리킴-역자 주) 등 유형으로 나뉠 수 있다. 그중 불교의 존상에는 일반적으로 불교 삼존상(三尊像), 오존상(五尊像), 칠존상(七尊像), 구

---

05   우리화(武利華), 『중화도상문화사·진한권』, 중국촬영출판사, 2016 참조.

존상(九尊像) 등 도상의 조합 형식이 있다. 불교 이야기의 도상에는 불전 (佛傳), 본생(本生), 인연(因緣)과 사적 등이 있다. 중국 대륙의 불교 본생 이야기 도상은 그 양이 적고 종류도 한정되어 있다. 그 원인은 주로 두 방면에서 찾을 수 있다. 하나는 소승불교와 관련된 대부분 본생 도상은 중국에서 대승불교가 성행하는 분위기 속에서 유행하기 어려웠다. 다른 하나는 제한된 본생 이야기 도상 몇 가지는 수기(授記) 혹은 보살 육도(六度) 등의 정신적 함의를 분명하게 강조하였다. 말하자면 이러한 이야기 도상들은 대승불교의 시점에서 '선별'을 거친 결과이다.

중국의 불교 도상은 그 양식이 매우 풍부하다. 역외에서 전해 들어온 양식은 상대적으로 적다. 대다수 도상 양식은 중국 본토에서 창작한 것이다. 중국의 불교 도상 양식에는 역대의 예술가들이 창작한 것도 있고, 또 불교계의 덕망 높은 고승이 창작한 것도 있다. 불교 도상의 기능은 배참(拜懺), 선관(禪觀) 등 예의 행사와 긴밀한 관련이 있으므로 도상의 전체적 배치는 반드시 종교 양식에 부합하여야 했다. 그러므로 법사에서 도상의 배치는 일반적으로 예술가와 불교 승려가 협력하여 창조한 결과이다. 그 과정에서 후자가 더욱 주도적인 역할을 했을 것이다.

불교 도상은 한나라 시기부터 중국에 전해 들어오면서 특색이 뚜렷한 중국문화 배경에서 발전하고 변화하는 기나긴 여정을 시작하였다. 중국의 불교 도상이 발전하는 과정에서 가장 시선을 끄는 점은 점차 인도나 중앙아시아의 소승불교 미술의 영향에서 벗어났고, 아울러 대승불교 도상 체계를 구축한 것이다. 중국에서 대승불교가 자체적인 도상 체계를 구축하는 과정은 역시 불교 도상과 중국의 본토 문화가 전반적으로 서로 부닥치고 교류하고 융합하는 과정이기도 하다. 불교가 중국에 전해 들어온 이후 현학, 유가 사상과 긴밀하게 연계한 대승불교의 발전은 그나마 순탄하였다. 그리하여 마침내 유교, 도교와 나란히 일대 유파를 형성하였다. 불교의 영향이 어떤 시기에는 유교와 도교를 압도하기도 하였다. 불교는 중국문화의 토양에서 발전하면서 승려 집단 외에 제왕과 귀족, 문사와 서민들도 모두 절을 짓거나 석굴을 파고 형상을 창조하는 등의 활동에 적극적으로 참여하였다. 그러나 불교에 대한 인식과 신앙 및 동기가 서로 다르기 때문에 이러한 사회집단의 사상, 정감 및 심미적 흥미가 미친 영향도 서로 차이가 있었다. 이러한 관점에서 볼 때 사원(석굴사를 포함)의 법사는 여러 계층 사람의 신앙 중심일 뿐만 아니라 각종 사회관계의 구심점이기도 하였다.[06]

5. 세상에 대한 인류의 서사

인류사회가 어느정도 발전한 이후 도상은 일종의 문화 표현의 수단이 되었을 뿐만 아니라 나아가 어떤 사회 계층이 정감을 토로하고 뜻을 표현하는 도구가 되었다. 특히 문인 사대부의 개입으로 도상의 서사적 기능이 충분하게 발휘되었다.

사회문화가 풍부하고 다원적일수록 도상이 서술하는 사회적 기능은 더욱 다양해졌다. 도상은 한 편으로는 갈수록 간편화, 생활화, 세속화하고, 다른 한편으로는 갈수록 세밀화, 우아화, 문인화 하였다. 도상은 대중문화로 사회 각 계층에 깊숙이 파고든 후 사람들이 부여한 여러 가지 응용 기능을 담당하였을 뿐만 아니라 나아가 사람들의 세계관을 자유롭게 표현하고 심지어 사람들이 세상을 창조하는 도구가 되었다.

---

06   위샹둥(于向東), 『중국도상문화사·불교도상권』, 중국촬영출판사, 2017 참조.

중국 고대사회에 관가는 또 전문적으로 '도상'을 전공하는 학문인 화학(畫學)을 설립하였다. 송 휘종(宋徽宗) 숭녕(崇寧) 3년(1104년)에 조정은 화학을 창설하고 송대에 학교를 관리하는 중요한 기구인 국자감 시스템에 편입시켜 관리하도록 하였다. 그것은 중국에서 첫 번째 국가 시각 도상(미술) 교육기구이었다. 화학에서는 학생들이 배워야 하는 도상 유형에 대하여 구분하고 관련 교과목 체계를 만들었다. 그리고 학생들도 사류(土流)와 잡류(雜流)로 구분하였고, 교과 과정은 불도, 인물, 산수, 조수(鳥獸), 화죽(花竹), 옥목(屋木)의 6과로 나누었다. 회화가 '학'이 될 수 있는 것은, 회화를 배우는 것이 기능을 배울 뿐만 아니라 또 다른 문화 지식을 배움으로써 도상 작가의 학식과 수양을 전면적으로 제고하기 위한 것이었기 때문이다. 그러므로 학생들은 『설문(說文)』, 『이아(爾雅)』, 『방언(方言)』, 『석명(釋名)』 등의 글들을 널리 배워야 했다. 그중 『설문』을 배우는 것은 학생들이 전자(篆字)를 쓰고 음훈(音訓)을 해석하기 위한 것이다. 그리고 나머지 세 편의 글은 모두 문답 형식을 활용하여 내용을 가르쳤다. 화학 학생들이 그린 도상에 대한 심사는 옛사람을 모방하지 않고 그들이 그린 인물, 사물의 모양과 빛깔이 자연스럽고 운치가 높고 간결함의 여부를 기준으로 삼았다.

송나라 때는 도상의 내용이 매우 복잡하였다. 제작 소재에 따라 인물화, 산수화, 화조(花鳥)화로 나눌 수 있고, 제작 재료에 따라서는 벽화, 판화, 자화(瓷畫), 수화(繡畫), 격사화(緙絲畫), 화상석(畫像石), 견화(絹畫), 지화(紙畫) 등으로 나눌 수 있다. 제작자에 따라 문인화, 화원(畫院)화, 화공(畫工)화로 나뉠 수 있으며, 도상의 표구 형식에 따라서는 병풍화, 선면(扇面)화, 수권(手卷)화, 책혈(冊頁)화, 입축(立軸)화 등으로 나눌 수 있다.

이 외에 종합적 특색을 지닌 풍속화, 종교화, 정치화 및 공정도상학 범주에 속하는 계화(界畵), 건축화, 금석(金石)화 등도 있었다.

물론 심미적 지향성에 따라 우아하거나 세속적인 것으로 구분한다면 송대의 도상은 아속(雅俗)이 서로 나누어진 것과 아속이 서로 합쳐진 것도 있다. 아속이 나누어진 것은 주로 당시의 문인화, 화원화, 화공화(畫工畵)를 가리키는데 제각각의 아속이 서로 다른 심미적 특징과 창작적 추세를 드러내었다. 그런데 송대의 도상은 전체적으로 아속이 합쳐진 특징을 보인다. 문인화는 주로 죽, 매, 목(木), 석(石)과 산수 등 이른바 '청아(淸雅)'한 영역을 포함한 것으로 수묵(水墨)가 으뜸이었다. 화원화는 다양한 소재와 풍부한 화법을 가지고 있는데 아속 중간 즈음에 있다. 화공화는 주로 민간 세속적 특징을 드러내며 실용성을 강조하는데 여기에는 종교적 벽화, 묘실(墓室) 벽화, 기명(器皿) 장식화 및 민중들의 생활과 관련된 여러 가지 도상이 포함된다.[07]

역사적으로 이러한 도상의 유형과 형태들은 기본적으로 후세 도상 분류의 기초를 닦았고, 중국 심지어 세계 도상사의 최고 수준에 달했다. 정진탁(鄭振鐸) 선생은 "중국 회화사를 논할 때 반드시 송이라는 이 영광스러운 시대를 중심으로 삼아야 한다. 송나라 시기의 회화는 그리스 조각이나 르네상스 시기의 회화와 조각과 어깨를 겨룰 수 있다."라고 평가하였다. 더욱 사람을 놀라게 하는 것은 송나라의 조판(雕版) 도상 복제(인쇄) 기술은 이미 상당한 수준이어서 그것의 전파 질과 효율 면에서 근본적인 발전이 있었다. 이러한 기술은 도상이 더욱 대중화된 전파 경로를 통해 사회 곳곳에 침투하고 사람들의 마음에 자리 잡게 하

---

07   사오시오펑(邵曉峯), 『중국도상문화사·송대권』, 중국촬영출판사, 2016 참조.

였다. 그리하여 도상은 사회나 사람들과 역동적인 관계를 이루었다. 도상 작가는 독자나 사회와 일련의 비교적 완전한 도상 전파의 내용, 형식과 분야를 구축함으로써 도상의 전파 매개의 기본적인 형식을 마련하였다. 결국 중국 특색이 있는 도상 문화 전파의 특징을 만들었고, 또 세계의 여러 도상의 전파 방식에 영향을 주었다.

6. 세상에 대한 인류의 복제(複製)

사람들이 세계를 복제하려는 욕망은 도상 복제 기술의 탄생과 성숙에 기인한다. 흙판(泥版) 인쇄 시기의 사람들이 활자 복제 기술을 완성하였고, 목판 인쇄 시기에는 도상 복제 기술을 완성하였다. 그리고 석판, 동판(銅版) 인쇄 시기에는 도상을 빨리 복제하는 기술을 완성하였고 망판(网版) 인쇄 시기에는 도상 영상과 스타일을 복제하는 기술을 완성하였다.

촬영술의 발명이 사람들에게 전 세계를 복제하려는 꿈을 심어 주었다면 디지털 영상의 응용은 사람들에게 새로운 세계를 구축하려는 꿈을 심어 주었다. 사람들이 세상을 복제하는 것은 또 세계에 대한 소비의 시작이다. 세계를 복제하는 기술적 소비와 사회적 소비는 점차 사람들의 일상생활 속 소비 과정에 녹아들었다. 시간적 형태는 도상에 의해 기술되고, 공간적 형태는 도상에 의해 전개되었으며, 지각의 변화는 도상에 의해 노출되었다. 이처럼 세상은 시각 도상이 존재하는 매개 세계로 변하였고, 도상도 세계를 표현하는 세계적 도상이 되었다. 이러한 변화와 현상은 특히 1839년 촬영술이 탄생한 후 더욱더 활발해졌다.

19세기의 도상은 일종의 관찰자 기술이다. 사람들은 동등한 비율로 세상을 복제하는 능력을 추구하였다. 20세기의 도상은 표현하려는 자들의 염원이다. 사람들은 진실한 세계, 세계의 진상과 진리를 복제하려고 애썼다. 그리고 21세기의 도상은 상상하는 자들의 날개이다. 사람들은 진실을 뛰어넘은 어떤 상상의 세계를 복제함으로써 정신적 소비를 위해 무한한 상상의 날개를 달아 주었다. 지금 그중의 일부 상상은 이미 현실로 변하였고, 일부는 지금 바로 구현하는 과정에 있으며 일부는 여전히 환상 속에 존재한다.

나. 도상 문화

도상은 어느 한 민족이 장기적인 생산 실천, 사회 실천과 정신 실천 과정에서 일구어낸 문화 형태로, 그것은 일종의 사회적 문화 코드[08]이다. 도상은 그 민족의 문화 유전자를 보전하고 그 민족 문명의 정신적 틀을 구축하며 일종의 시각 문명 형태를 창조한다. 맨눈(裸視)에서 렌즈(鏡像)로, 렌즈에서 경관(景觀)으로, 경관에서 환상으로, 환상에서 웹(网景)으로 가는, 이처럼 시각 도상의 역사 자체가 바로 인류의 광대한 문명 전파의 역사이다.

학술적 관점으로 볼 때, 도상은 질적 유사성을 가진 코드 구조이다. 도상은 기호와 기표 사이에서 일종의 질적 유사성을 이용하였고 모방과 중복, 심지어 사물의 일부분 특징을 재창조하기도 한다. 이를테면 형태, 비례, 색채, 질감, 배경 등등이다. 이러한 특징은 대부분 시각에 의

---

08 코드는 일련의 사회적 약속이고 의미를 낳은 방식이다. 특정의 종족 집단은 특정된 사회적 약속을 공유한다. 코드는 또 부호와 사회 이데올로기와 서로 연결된 장소이고 혹은 의미를 표현하는 계통이다.

해 감지될 수 있기 때문에 일상적인 사용 방법은 언제나 시각에 우선적인 해석 권한을 부여하였다.[09] 그리하여 시각 도상은 인류가 객관적 대상물을 인지하는 기초적 수단이 되었고 정보를 전파하는 텍스트이며 사회기록의 지도이다. 도상 역시 확실한 시각의 역사 사실이고 민족 문화 형상의 가장 직접적이고 가장 구체적 형상을 가졌으며 가장 믿을 만한 구현 형식이다. 시각 도상의 독특한 점은 바로 도상이 기술적 측면에 속하면서 문화적 측면에 속하기도 하다는 점이다. 시각 도상은 인류 사회의 각 영역에 모두 분포한다. 이를테면 회화, 조각, 영상, 촬영, 신문, 광고, 응용 설계, 인터넷, 게임, 오락 등에 잘 나타나고, 도상은 이미 현대 정보사회에서 가장 영향력이 있는 매개적 특징을 갖추었다. 이를테면 Douglas Kellner의 말처럼 현대 사회의 기본 가치를 구현하고 개개인을 현대화 생활방식에 적응하도록 이끌며 동시에 현대 사회화된 충돌과 해결 방식을 극적으로 전환한 매개 현상이다. 거기에는 매체가 만들어 낸 각종 화려한 장면(쇼 장면), 스포츠 경기, 정치 사건들이 포함된다.[10] 촉각이 탁월한 위치를 점했던 과거에는 구체적인 물질의 실재를 조종하여 세계를 변화시켰다면 오늘날에 결정적 작용을 한 것은 사람들이 '보게(看)' 만드는 것이다. 지금은 시각이 뛰어난 위치에 있는 시대이다. 시각 도상의 시대에 시각 도상은 사회적 형태를 구축한 주도적 형식이며, 시각 언어는 현대 문화전파의 가장 중요한 언어 형식이 되었다.

도상 및 도상 문화 연구는 최근 2~30년 동안 국제학술계에 나타난

---

09   한충야오, 『도상전파학』, 타이베이: 위사만(威仕曼)문화사업유한공사, 2008,9, 서문.

10   Douglas Kellner, 『매체기관-당대미국사회문화투시』, 베이징: 청화대학출판사, 2003, 2쪽.

하나의 새로운 학제 연구 영역이다. 리처드·로티(Richard Rorty)는 "고대와 중세의 철학 도경(圖景)이 사물을 주목하였다면, 17세기에서 19세기에 이르는 시기의 철학 도경은 사상을 주목하였다. 그런데 개화한 현대의 철학 도경은 단어와 문구에 주목한다."[11]라고 주장한다. 1970년대 이후, 철학, 역사학, 사회과학은 도경을 주목하는데 이 점에 의문을 가지는 사람이 없다. 그러므로 사회과학이 된 도상 문화 연구가 역사에 관심을 가지고, 현재에 관심을 가지며, 인류의 영원한 명제에 관심을 가지는 것은 어쩌면 당연한 일이다. 이처럼 도상학은 철학, 역사학, 사회학 등 학문과 깊은 동질성을 가지고 있지만 구성이 다르고, 또 넓은 이질성을 가지고 있지만 구성이 같은 학문으로, 그 자체로서 마땅히 가져야 할 학술적 지위는 말할 필요도 없이 매우 선명하다.

그러나 실제 상황은 그다지 좋지 못하다. 시각 도상은 현시점에 와서도 여전히 문자 담론적 차원에서 다루어지고 있다. 어떤 해외 학자가 지적한 바와 같이 인문과학은 오늘날 역경에 처해 있었다. 믿을 만한 연구 성과를 내는 '학문'은 힘없는 위치에 있고, 명망 높은 위치를 차지한 '학문'은 그 연구 성과가 결코 매우 믿을 만하지 못하다는 것이다. 도상 문화에 관한 이론 연구는 여직 '학문'이라는 명분도 갖추지 못한 실정이다.

현대 사회는 이미 도상(image)을 중심으로 하는 시대로 진입했다. 영

---

11 W·J·T·미셸은 『도상이론』 책에서 리처드·로티가 철학사를 일련의 '전향'으로 기술한 것을 인용하면서 "그 와중에 일련의 새로운 문제가 나타나고 낡은 문제는 점점 사라지기 시작하였다"고 인정하였다. 리처드·로티는 '고대와 중세의 도경은 사물을 주목하고, 17세기에서 19세기에 이르는 철학 도경은 사상을 주목하였지만, 개화된 현대 철학 도경은 단어와 어구를 주목하는데 이 점은 매우 합리적이다.'라고 말하였다. (陳永國, 胡文征 譯, 『도상이론』, 북경대학출판사, 2006, 2쪽 참조)

화, 텔레비전, 회화, 촬영, 광고, 설계, 건축, 애니메이션, 인터넷, 게임, 멀티미디어 등이 서로 역동적으로 혼재하는데 이것이 바로 사람들이 말하는 시각문화 시대이다. '시각문화'라는 이 단어는 도상을 보다 광의적인 개념으로 해석하며 일종의 문화 형태라고 말한다. 이에 따라 문화를 도상 효과가 있는 의미있는 사회 실천의 형태로 보는 것이다. 새것을 추구하고 변화를 요구하는 도상 소비 사회에서 사람들이 생활을 이해하고 세계를 연구하는 방식은 이미 변해가고 있다. '시각적 정체'(scopic regime)가 트랜드가 되고 있는 지금 시각적인 것을 기준으로 하는 인지 제도, 심지어 가치 질서와 일련의 주체 인지에서 사회 규제에 이르는 일련의 문화 운영 규칙을 구축함으로써 시각적인 실천과 생산 시스템을 구축하고 있다.

도상은 생산적인 것이다. 도상은 방영, 전시, 판매, 심사, 진열, 소장, 훼손, 터치할 수 있을 뿐만 아니라 또 개작할 수도 있다. 도상은 서로 다른 개체, 서로 다른 이유로, 여러가지 방식으로 제작하고 사용한다. 그렇지만 효과에 영향을 주는 제작과 사용에서 그것이 지닌 의미가 가장 중요하다. 도상은 자신만의 효과가 있다. 그런데 이러한 효과는 반드시 여러 용도가 도상에 반영되고 역할을 해야만 가능하다. 사람들은 도상을 언제나 전파 환경에서 관찰한다. 그러므로 사회 전파 환경이 도상의 작용을 촉진한다.

도상은 응용 범위가 매우 넓다. 오늘날 도상에 대한 해석도 체계를 이룰 만큼 발달하였다. 문화는 그 자체로 매우 광의적인 개념이다. '도상 문화'는 일종의 전략일 뿐 결코 독립적인 하나의 학문이 아니다. 그러나 도상 문화에 관한 이론적 연구는 반드시 독립적인 학문이 되어야 한다. 사실상 도상 문화의 핵심 내용은 오히려 매우 단순하다. 즉 사회나 사회단체 구성원 간 '의미'의 '교환'(exhange)과 '생산'(production)에 주목한다. 의미는 명확하거나 모호하며, 사실적이거나 허구적이며, 정확하거나 통속적이며, 가시적이거나 가설적이며, 대중적이거나 초현실적이다……. 의미는 현대 사회 사람들의 일상생활(daily life) 속 행동 패턴으로 자리잡았다.

'일상생활'은 지금 바야흐로 전 세계에서 일어나고 있는 매우 중대한 '문화혁명'(어떤 사람은 이러한 현상을 '문화적 전향', '도상 전향', '시각 중심주의'라고도 함)이다. 즉 경관(景觀)사회가 상품사회를 대체하였다. 도상, 공간, 일상생활 개념이 생산방식, 생산력, 생산관계 등 정치적 조직체의 개념을 대체하였다. 도상 예술 행위가 계급투쟁을 대체하고, 예술가와 '표류'의 심리학적 의미에서의 관념인 '절충'이 이질화(異化)와 배물교(拜物敎)를 지양하였다.[12] 일상생활에서 다문화적인 도상 경험이 도상 문화를 구성하였다. 그러므로 현대 사회의 주도적 패턴은 주로 남에게 펼쳐진 도경성(圖景性)으로 표현된다. 일상생활의 모든 측면이 자본에 의해 상품화 되고 있다. 사람의 신체마저도 예외가 아니다. 현대 사회에서 사람들의 일상생활은 글로벌 경제의 단일화나 지역 다원 문화의 동질성과 이질성의 상호작용 속에, 글로벌 '망경'(internet spectacle)[13]의 시각적

---

12 여기서 인용한 주요 관점은 Guy Ernest Dobord가 지은 『경관사회』에서 채택함. 그는 이 저서에서 '세계는 이미 촬영된다'고 인정하였다. 발전한 자본주의사회는 이미 영상 물품 생산과 영상 소비를 주로 하는 경관사회에 진입하였다. 경관은 이제 일종의 물화(物化)된 세계관으로 되었다. 경관은 본질적으로 '영상을 중개로 하는 사람들 간의 사회관계'에 지나지 않는다. '경관은 바로 상품이 완전히 성공한 식민지사회 생활 시간이다'.

13 망경(Internet Spectacle)이란 인터넷을 통해 드러낸 도상을 뜻한다. 그것은 도소(圖素,

상호작용이며, 새롭게 떠오르는 도상식(圖像式) 글로벌 시각적 상호작용은 인터넷의 '망경'의 사용으로 점차 형태를 갖추고 있다.

도상 문화는 가변적인 해석 구조를 가지는데 그 초점은 시각 도상 전파에 집중되어 사람들의 일상생활에 직접 영향을 미친다. 그것의 가장 현저한 점이 바로 그 자체가 시각적이지 않은 사물을 '시각화'(visualizing)함으로써 도상 전파의 기술적 효과를 충분히 발휘하는 것이다.

국내외의 학자들의 '문화'(culture)에 대한 정의는 매우 다양하다. 여기서 일일이 언급하지는 않겠지만 핵심 내용은 사실 단순하다. 즉 사회 혹은 사회단체 구성원들 간 '의미'의 '교환'과 '생산'에 관심을 두는데 이러한 '의미'의 '교환'과 '생산'이 바로 문화의 핵심 이념이다. 도상은 시각적 대상물로, 문화전파 활동에서 도상은 구조주의의 결정체고 경험론의 도구이기도 하다.

이전 시대에 비하여, 폭증한 도상의 기계 복제, 디지털 도상과 각종 도상의 전환 및 도상의 전시 방식을 두고, 혹자는 지금이 '도상 시대'라고 경탄하고 '그림을 읽는(讀圖) 시대'가 다가왔다고 일컫는다. 그들은 도상을 텍스트와 대립된 문화적 매카니즘으로 이해하고, 도상 전파를 기타 형식의 전파와 다른 것으로 나누고, 도상을 많이 읽고 이해하는 것을 이 사회의 시대적인 단체 문화 특징으로 기술하고 있다.

---

picture element) 영상과 화소(pixel element) 스크린으로 구성한 영상이다. 더욱 광의적인 시점에서 말하면 망경은 곧 우리의 시점이 닿는 곳으로 우리들이 '보는' 전부에 해당된다. 그리고 우리가 무엇을 볼 수 있는지를 결정한다. Jonathan Crary는 그것의 기술적 특징을 이렇게 기술하고 있다. '컴퓨터의 보조 설계, 합성한 clerical type, 모의 비행 장치, 애니메이션, 로봇의 형상 식별, 광선 추적, 무늬 제도(製圖), 동작 제어, 시각환경 보호, 자기 공명 도상과 멀티 스펙트럼 인덕터.'

물론 언어 패권 시대에 있어서 담론이 극단적인 경향을 보이기도 한다. 도상 전파는 '텍스트를 시각 도상 위에 자리'하는 식민적 심리에 일종의 저항 작용을 일으킨다. 그러나 이처럼 도를 넘은 감정적인 행위는 사람들이 도상을 인지하는 데 전혀 도움이 되지 않고, 시각문화의 연구 영역의 범주 확정에도 불리할 뿐만 아니라, 도상 문화의 순조로운 연구에도 방해가 될 뿐이다.

인류 역사가 변화 발전하는 기나긴 과정에서 시각(도상)은 항상 문화 초점을 따라 방향을 바꾸었다. 서구의 철학가인 소크라테스의 '눈'과 그것과 관련된 '시력', '안계(眼界)'에 관한 권위 있는 토론에서 동양의 성인 묵자의 광선8조[14]에 이르기까지, 이러한 이론들은 후인들에게 명확하게 이야기한다. 르네상스 투시법(透視法)의 과학적 계몽에서 필승(畢昇)의 활자 인쇄의 보편적 사용에 이르기까지…, 나시(裸視)에서 경상(鏡像)으로, 경상에서 경관으로, 경관에서 망경(网景)으로… 담론이 '최고 형

---

14 묵자는 『묵경』에서 사람들이 일찍부터 인식한 빛의 직선 전파 원리에서 출발하여 우선 빛과 그림자, 빛과 사물 지간의 관계에 대한 이해를 제출하였다. 또 『묵경』은 평면거울이 이미지를 형성하고 오목거울, 볼록거울이 이미지를 형성하는 법칙을 소개하였다. 묵가의 사설 학교는 매우 체계적으로 기하 광학 방면의 지식을 연구하고 전수하는 과정에 정밀한 견해와 결론을 얻어 냈을 뿐만 아니라 또한 연구와 전수 과정에 이미 관찰하고 분석하고 과학적으로 실험하는 방법을 이용하였다. 묵자가 제기한 '그림자 자체는 움직이지 않는다. 그림자가 움직이는 표상은 물체와 광원(光源)의 위치가 변함으로써 가져온 결과이다.' '물체가 두 개 광원의 빛을 받으면 두 개의 그림자가 형성된다.', '그림자의 크기는 물체의 위치와 원근에 의해 결정된다.', '빛 광선이 소공(小孔)을 통과하여 물ㄱ나무로 선 그림자를 형성하는데 거꾸로 선 그림자의 크기는 소공의 위치에 의해 결정된다.', '빛은 직선으로 사람을 비춘다. 형성된 이미지를 보면 사람의 하체가 위에, 상체는 아래 위치한다. 발 부분이 아래쪽의 빛을 가리기 때문에 이미지는 위에 형성되고 머리 부분이 윗쪽의 빛을 가리기 때문에 이미지는 아래에 형성된다.' 등 여덟 항의 광학 이론은 세계에서 가장 일찍한 광학에 관한 과학적 논술이다.

식의 지혜로운 표현'이라고 간주되기도 하였다. 그렇지만 '시각적 재현을 차등(次等)의 관념 진술체(陳述體)로 보았다.' 전통적 관념에서 언어는 '인간의 근본적 속성'이다. 이를테면 '인간'은 '말을 할 줄 아는 동물'로, 인간이 동물과 구별되고 또 동물보다 수준 높은 사회적 특징은 '말을 할 줄 안다.'라는 것이다. 그런데 형상(도상)은 줄곧 인류의 제2매개체로 인식되었다. 이를테면 야인(野人)은 '말을 할 줄 모르는 동물'이란 점이다. 심지어 부녀자, 아동, 지적 장애인과 대중들을 제2의 문화 집단으로 간주하였다.[15] 그렇지만 사회 일반 대중들은 줄곧 이러한 귀족적인 엘리트 문화와 맞서 싸웠다. 시각문화가 사람들의 일상생활 행위를 중심으로 하고, 도상을 '시각, 기계, 제도, 담론, 신체, 그리고 비유 간의 복잡한 상호작용 관계로 간주'할 때 대중들은 우선적으로 갈수록 많아지는 영상, 위조된 영상과 시상으로 시선을 돌렸다.

마치 '문자의 세계'가 '도상의 세계'를 대체한 것처럼 '도상의 세계'도 안일하게 '문자의 세계'를 대체하려는 꿈을 꾸어서는 안 된다. 비록 '순수 언어학적 측면에서 문화를 규정하려는' 시도를 '와해'하고 또 '도전'을 할 수 있다는 것을 인정하고, 사람들이 도상을 위해 명분을 명확히 하려는 의도는 이해할 만하다. 그러나 이성을 잃은 외침은 일을 더욱 그르치게 할 뿐이고경박한 도상은 더욱 경망스럽게 될 것이다. 도편(圖片)은 도상이 아니고 회화 작품, 영상 화면도 반드시 도상이라는 법도

15　미셸은 시각과 언어 경험 관계를 제어하는 풍속습관을 논의한 적 있다. '단어를 시각보다 높은 자리에 두고 언어를 경관 위에 두고 대화를 시각 경관 위에 둔다'는 것이다. Nicholas Mirzoeff도 이 문제를 깊이 탐구하였다. 그는 언어를 시각보다 높은 위치에 두고 부녀자, 아동과 취약 계층을 시각문화와 같은 제2의 인류 문화로 간주하는 것은 식민 문화사회의 전형적 특징이라고 하였다.

없다. 도상은 항상 자신만의 특징을 유지하고 텍스트와 한데 어우러져 있다. 도상 전파 속에서 도상은 텍스트와 함께 복잡하게 밀착되어 있을 뿐만 아니라 간단명료하게 조합한 모습을 보이기도 한다. 이 둘은 결코 서로 대립하는 존재가 아니다. 미셸은 사람들의 도상에 대한 태도를 논하면서 이렇게 지적하였다. "형상을 텍스트로 읽는 관점은 오늘날의 예술사에서 결코 신기한 일이 아니다. 그것은 유행의 지혜이고 새로운 사물이다."[16] 오늘날의 사회에서 이러한 '지혜'는 바야흐로 우리들 주변에서 '유행'하고 있다. 마치 '독도(讀圖)'가 신기하고도 현대적인 화제인 것처럼 말이다.

도상과 텍스트를 보면, 이것은 사실 동일 관계이다. 바로 문학이 시각적인 것을 벗어날 수 없는 것처럼 도상 또한 담론에서 완전히 벗어날 수도 없다. 텍스트의 형상은 '곧 도상 내에 있다. 그것이 가장 철저하게 부재하고 은폐되고 조용할 때, 도상은 가장 깊은 곳에 존재할지도 모른다.' 같은 이치로 '담론에 적합한 시각적인 재현도 외부에서 가져올 필요가 없다. 그것은 이미 단어에 내재하고 있고, 묘사, 서사 '시야', 재현하는 사물과 지점, 은유, 텍스트 기능의 형식적 배치와 특성 속에 존재한다. 심지어 조판, 종이, 제본 혹은 (구두로 공연하는 경우) 직접 듣는 소리 및 화자의 신체에 내재하고 있다.'[17] 그러므로 모든 문화 전파 매개는 모두 혼합되어 있고, 모든 재현된 도상은 모두 이질적이라고 말할 수 있다. 비록 도상은 형태적 흔적을 가지고 있지만 말이다.

16 　W·J·T 미셸, 『도상이론』, 진영국, 호문정 역, 베이징:북경대학출판사, 2006, 86-87쪽.

17 　W·J·T 미셸, 『도상이론』, 진영국, 호문정 역, 베이징:북경대학출판사, 2006, 86쪽.

이른바 '도상의 시대', '독도의 시대'가 나타난다고 할지라도 그것은 도상이 나타나는 많고 적음과 도상이 나타나는 빈도를 지표로 삼아 사람들에게 알리는 것은 아니고, 반드시 시각적 사물(시각 도상: 도상을 작동하고 유지하는 도상 과학기술, 도상의 수용 대중) 위에 담론이 집중될 것이다. 사람들은 도상의 의미를 만드는 세 장소에 관해 흥미롭게 탐구할 것이다. 즉 도상이 생겨나는 장소, 도상 자체가 구축한 장소와 도상의 수용자들이 관람하는 장소에 관심을 가는데 결코 다른 그 무엇도 아니다. '도상순수(圖像純粹)'를 시도하는 그 자체가 불가능할 뿐만 아니라 역시 유토피아이기도 하다.

도상의 가치는 그것 자체가 가지고 있는 것이 아니라 전파 효과의 구현 속에 존재하고, 수용자들의 도상에 대한 인지와 해석에 존재한다. 도상은 문화의 흥기(興起)를 주도하는데며 Decoard가 말한 것처럼 '축적된 현상의 핵심(capital)은 경관(spectacle)이며 그것은 일종의 도상으로 변한 것이다. 시각 도상은 이렇게 '문화전향'이란 운동 속에서 본의 아니게, 그렇지만 어쩔 수 없이 적나라하게 급선봉의 역할을 담당한다. 이 모든 것은 성숙한 도상 전파 기술에 기대고 도상 전파의 대중화에 기대어 만들어진다. 도상이 '일상생활'에서의 소모품이 되었을 때 이 모든 것의 발생은 전혀 이상한 일이 아니다.

도상의 전파에 의해 만들어진 탈현대 사회의 전형적 특징은 바로 지식이 시각화된 것이다. 물론 이전의 사회도 시각 영역을 끊임없이 채워 오며 가속화 방법을 익혀 오는 과정이긴 하였고 현재 시각 과학기술의 발전과 도상 문화의 보급, 그리고 소비 문화의 수요로 속도와 양을 넘어 강한 자극으로 작용할 것이며 점점 심해질 것이다. 도상은 사람들의 일상생활의 한 부분이 되어 버렸다. 그 속에서 살아가고 있는 현대인들은 강한 시각화의 경향을 드러내고 있다. 이렇듯 사물을 도상화하고, 그것을 시각화하는 경향은 결코 담론(discourse)[18]을 대체하려는 것이 아니라, 담론을 더욱더 포괄적이고 더욱더 효율적으로 만들기 위한 것이다. 특히 인터넷 사회에서 생활 사진, 의학 도상, 영상 도상, 광고 도상, 컴퓨터 도상, 디지털 도상들은 이미 가정주부의 일상적인 시각적 이미지가 되었다. 심지어 우주 비밀을 탐구하는 과학기술 도상도 텔레비전을 보는 어린이들의 신난 화젯거리가 되었다. 도상은 이제 사람들이 사물을 기술하거나 지식을 시각화하는 담체가 되었다. 도상은 시각으로서 의미를 창조하고 비교하는 장소가 되었으며, 소비자들의 필수소모품이 되었고, 상업화의 과정에서 최대 이윤을 얻는 효과적인 수단이 되었다. 도상적 사유도 일종의 '구조적인 관람'의 시각 경험이 되었다.

　도상은 기호학에 이어, 인문 사회 과학의 연구 영역이 새로운 분야가 되었다. 앞에서 말한 것처럼, 그것은 기표와 참조물 간에 존재하는 일종의 질적 유사성(相似性)을 응용하였고 사물의 어떤 특징을 모방하고 중복한다. 이러한 특징은 대부분 시각에 의해 감지된다. 그러므로

18　대체적으로 담론은 사회가 조직적으로 만든 어떤 특정한 주제에 관한 담화 과정을 가리킨다. 미셸 푸코의 주장에 따르면 담론은 일종의 지식체로 어떤 사물이 응당 어떠한 내용에 관해 담론을 진행할 것인가에 대하여 정의를 내리고 또 한정시킬 수 있다. 특정적인 지시 대상이 없는 경우 이 용어는 광범위한 사회지식 체계에서 사용할 수 있다. 이를테면 경제 담론, 법률 담론, 의학 담론, 정치 담론, 성적 담론 등이다. 담론은 특정한 사회와 역사 맥락에 집중되는데 이 양자는 모두 시간의 흐름에 따라 변화된다. 미셸 푸코 이론에서 가장 기본적인 관점의 하나는 담론은 어떤 주체와 지식을 낳고 우리들은 많게든 적게든 모두 다방면의 담론이 확정한 범주 내에서 주체 위치를 점한다는 것이다.

평상시 사용에서는 언제나 시각 도상에 우선적 해독(解讀) 권한을 부여하는 방법을 취하였다. 그러나 질적으로 유사한 관점에서 볼 때 도상이 반드시 시각적인 것은 아니다. 바로 우리들이 생리 감각기관으로 현실 물질세계를 감지하는 것처럼, 어떤 물체의 시각 성질을 모방할 뿐더러 동시에 그것의 청각, 후각, 촉각, 미각 등 특성을 모방할 수 있고, 심지어 정신적 특성, 더 나아가 환각까지 모방할 수 있다. 그러므로 시각 도상 외에 또 청각 도상, 후각 도상, 촉각 도상, 미각 도상이 있어야 하고 정신적 도상, 언어 도상, 환상(illusion) 등도 있어야 한다.

앞에서 강조한 것처럼 도상의 독특한 점은 바로 그것이 기술적 측면에 속하기도 하고 또 문화 내용에 속하기도 하다는 점이다. 그런데 도상이 일단 그것이 생겨나는 장소를 떠나 사회에 전파될 때 그 자체의 풍부한 문화적 함의를 드러낸다. 그러므로 관찰자가 그것을 '보고' 해석하는 것이 필요하다.

비록 도상은 일종의 구조적 기호로 만들어진 것이지만 언어학자와 기호학자들의 연구 영역은 훨씬 뛰어넘었다. 적지 않은 언어학자들이 도상을 언어학 범주에 귀속하고, 기호학자들이 도상을 기호학 범주에 귀속하지만, 도상은 단지 그들의 패권적인 주장 하에 일부 기호만을 드러낼 뿐이다. 실질적으로 도상은 줄곧 일종의 독특한 도상 문화 형태에 처해 있다. 도상 주변에서 몇 개 근접한 학문을 골라 연구를 진행한다는 것은 전혀 바람직하지 않다. 도상은 학제 연구의 새로운 대상으로, 그것은 사람들이 세계를 인식하고 세계를 이해하고 세계를 해석하는 일종의 시각화된 방식이다.

다. 도상은 시각 기호이자 문화 코드이다.

도상의 본질적 용도는 그것이 일종의 사회적 문화 코드라는 점이다. 그러므로 우리들이 도상을 '볼' 때 사실은 도상을 도상적 기호체계로 간주하고 또 시각적, 의미적 더 나아가 가치적 해체를 한다. 도상 기호를 해체하는 작업은 곧 도상 기호의 의미를 탐구하는 문제다. 사실 그것은 도상의 사회 타당성 문제를 연구하는 것이고, 전문화된 도상 기호학 문제를 연구한다고도 말할 수 있다. 쉽게 말하면 곧 도상에 대한 해독이다.

사람들은 일찍이 일반기호학적 방법으로 어떻게 하면 보다 합리적으로 도상의 유추성(보편적으로 인정되는 일면)의 윤곽을 그려내고, 도상의 조형성의 일면(촬영기록에 사용되는 것 외에 사람들이 습관적으로 그것을 도상적 특징으로 간주하지 않는 것)을 밝혀낼 지를 연구하였다. 만일 우리들이 가치적 측면에서 도상의 현상성, 유추성과 상징성을 탐구할 때, 특히 도상의 기호성(상징성)의 일면을 탐구한다면, 이 도상의 상징성은 어떤 사회문화적 코드를 가지고 있고 또 우리들이 그것을 해석하는 것에 대해 지배적 역할을 하는 매개 변수에 의해 만들어진 것임을 발견하게 된다. 도상의 가치에 대한 해독은 달리 말하면 사실은 곧 도상 기호에 대한 사회적 해석이다. 그러므로 상당한 끈기가 필요하다.

도상의 의미적 탐구에 대해 국외의 많은 학자들이 심혈을 기울였다. 그 중 가장 대표적인 인물은 롤랑·바르트(Roland Barthes)이다. 그는 독특한 방식으로 저명한 『도상수사학(圖像修辭學)』(『Rhétorique de L'image』, 1964)을 펴냈다. 그는 도상 기호학을 논할 때 도상은 어떻게 가치가 있는가? 하는 의문을 제기하였는데, 이 문제 역시 오늘날 도상 문화 연구의 초점이 되었다.

1. 도상의 가치

이 문제는 듣기에 매우 간단하고 또 쉽게 답할 수 있는 듯하다. 그러나 도상 기호학 측면(혹은 기호학 의미에서)에서 답을 하자면 그리 쉬운 일이 아니다. 특별한 접근이 필요하다. 이 문제는 주로 기호학의 수단과 관련이 되지만 결코 전적으로 이 범주에 속하는 것도 아니다. 동일한 문제에 대하여 서로 다른 영역의 전문가(이를테면 조형 예술가, 예술이론가, 철학가, 역사학자, 정신분석학자, 미술가, 문학가, 전파학자 등)들의 답은 모두 다르다. 말 그대로 '어진 사람은 어질게 보고 지혜로운 사람은 지혜롭게 보'는 상황을 보여준다. 사실상 그들의 도상 및 도상 가치에 대한 반성과 대답은 모두 그들이 통제할 수 있는 역량 범위를 벗어나지 않았다. 사람들은 예술, 특히 시각 예술을 두고 이성과 비이성, 인지 이해와 직각 경험, 심지어 신비한 사물에 대한 깊은 생각들이 모두 하나로 연결되어 있음을 의식하게 되었다. 많은 학자와 예술가들도 이 점에 심취하여 서로 다른 인식 차이가 어떻게 구성되었는지를 이해하려고 하였다. 중요한 건 그 중에서 가장 쉽게 이해할 수 있는 기능에 관해 분석한다는 점이다. 사실상 이 점 역시 도상의 가치 탐구에 주력한 것이다.

1970년대 서양의 많은 사회과학 연구자들은 사회 생활 방식의 전환에 관심을 두었는데 일명 '문화적 전환'(cultural turn)이라 불린다. 문화적 전환을 이끈 원동력은 바로 시각 중심주의(ocularcentrism)의 출현이다. 사람들은 겉모습(the visual)에서 도상의 가치를 찾기 시작하였다. 이때 비로소 도상의 가치가 대중들의 눈에 들어오게 된다. 마치 이웃집 소녀처럼 귀엽고 사랑스럽게 생각하게 된 것이다. 바로 Gillian Rose가 말한 것처럼 "사람들은 가치가 진실되거나 허황할 것이라 여겼다. 마치 과학처럼 정확할 수도 별거 아닐 수도 있다고 생각하는 것과 같다. 일상 대화, 정확한 수사, 클래식 예술, TV 드라마, 꿈, 영화와 무자크(muzak, 공공장소에서 흔히 내보내는 음악)는 모두 가치 전파의 경로이다. 그런데 서로 다른 사회집단은 각기 다른 방식으로 세계를 이해한다."[19]

이에 앞서 러시아 형식주의자들은 이 의문에 해답하는 패턴과 용례를 찾아냈다. 이를테면 Iouri Lotman은 예술은 언어이고 교류 방식이므로 이 또한 '갖은 수단'이라고 생각하였다. 프랑스 학자 Martine Joly는 이같이 시가(詩歌)를 겨냥한 의문은 오래 전에 도상을 통해 가치 매카니즘을 반성하는 행위에 오염되었다고 생각하였다. 그의 이 주장은 구소련의 감독 Eissenstein의 사상에 매우 큰 영향을 미쳤다. 그의 몽타주에 대한 반성과 시험은 주로 영화 영상의 생성 모드에 집중되었다. 그가 감독한 영화 『Броненосец Потёмкин(The Battleship Potemkin)』에서 '오데사의 계단(The Odessa Steps)'는 몽타주의 표본이 되었다. 가치에 대한 그 도상의 문제 제기는 지금까지도 여전히 완벽하다.

정신분석학자들은 도상의 가치에 대해 의문을 가지고 있었다. 특히 프로이트, 미셸 푸코를 대표로 하는 이 학파의 연구 중 가장 중요한 한 부분은 바로 예술창작 및 예술 작품의 의의에 관한 것이다. 물론 예술 이론가, 예술교육가들도 이 탐구 행렬에 가담하였다. 이를테면 칸딘스키(Kandinsky), 클레(Klee), 요하네스 이텐(Johanes Itten) 등 이들은 시각 작품의 가치를 분석하는 방법을 만들었고, 곰브리치(Gombrich)를 대표로 하

---

19   Gillian Rose, 『시각연구도론』, 왕국강 역, 타이베이:군학출판유한공사, 2006, 7쪽.

는 예술사학자들은 도상의 가치를 해석하는 방법을 제시하였으며, 굿맨(Goodman)을 대표로 하는 철학가와 파노프스키(Panofsky)를 대표로 하는 도상 연구자들은 저마다 도상의 가치에 대하여 수준 높은 질의와 분석, 다양한 추측을 내놓았다.

2. 도상의 한정(限定)

이 관점은 프랑스 학자 자크·오몽(Jacques Aumont)이 도상 의미를 탐구할 때 종합하여 밝혀낸 것이다. 그는 시간과 공간에 대한 도상의 표현은 보다 보편적인 목적에 한정되어 있는데 일종의 기술적 특징을 가진다고 보았다. 다시 말해서 도상의 기술성(의미를 표현하는 과정)은 한정된('관찰된 것' 혹은 '명명된 것') 것으로 이러한 기술성은 두 방면에서 표현된다. 하나는 표현과 연관된 것, 플롯을 가진 시간과 공간이고, 다른 하나는 표현된 후의 변화 그 자체도 어떤 이야기의 변화 과정이고 혹은 어떤 이야기 단편의 과정이다. 스토리는 곧 도상 기술의 결과가 된다.[20]

스토리는 상상의 구성으로 만들어진 것이어서 자체의 법칙을 가지고 있으며 어느정도 자연계의 법칙 또는 개념과 유사한데, 개념 자체도 변화한다는 점을 사람들은 잘 알고 있다. 사실상 전체 플롯의 구성은 대부분 그 사회의 수용적 특징에 의해 한정된다. 즉 사회의 약정, 코드, 현행의 상징주의에 의해 규정되고 명명되며 나중에는 일종의 사회적 성격을 지닌 문화 코드가 된다.

도상이 가지고 있는 사회문화적 특성은 매우 뚜렷하다. 이를테면 우리는 「청명상하도(淸明上河圖)」에서 송대 도읍의 시정 거리와 풍속 인

---

20   Jacques Aumont: L'image[M], Paris: Nathan, 1990, 참조.

정을 살펴볼 수 있고, 또 당시 정치, 경제, 문화 등 상황을 볼 수 있다. 강소(江蘇) 연운항(連雲港) 장군애(將軍崖)의 암벽화에서 우리는 동부 종족 섬나라 사람들의 생존 양식과 토템 숭배 등을 알 수 있다. 고대 그리스나 고대 로마의 시각 작품 중에서 우리는 이러한 작품들이 전달하는 그 시대의 정보들을 쉽게 발견하게 된다. 그러므로 어떻게 이러한 정보들을 읽어낼 것인가 하는 것은 일종의 전문 능력이므로 전문적인 훈련이 필요하다. 만일 현대 소재라면 이러한 훈련을 거치지 않고도 도상을 읽어낼 수 있다. 그러나 동일한 소재가 표현한 형상들은 유사성이 있는가 하면 아무런 공통성도 없음을 발견할 수 있다.

짚고 넘어가야 할 점은 모든 도상 작품은 관람자에 의해, 또는 역사적이고 연속적인 관람자에 의해 일부 이데올로기, 문화적, 상징적 기술들을 내재하게 되었다는 것이다. 만일 이러한 것들이 없다면 도상 작품은 그 가치를 잃을 수 밖에 없다. 자크·오몽이 덧붙인 이러한 진술은 혹은 완전히 숨겨진 것이거나 반드시 밝힐 필요가 없는 것이라고 생각했다. 이 말의 뜻은 이러한 진술을 말로 표현해서는 결코 안 된다는 것이 아니다. 도상의 가치 문제는 우선 도상과 개별언어, 도상과 보편언어 간의 문제가 들어 있다.

도상과 말, 도상과 문자는 항상 사람들의 입방아에 오르고 전문가들이 늘 논쟁하는 문제지만 여기서 재조명하자면, '순수한' 도상은 존재하지 않고 완벽한 도상도 존재하지 않는다. 왜냐하면 완벽한 이해(해석을 거절하는 것 역시 일종의 이해 루드임)를 위해 도상은 반드시 일종의 언어적 표현을 해야 하기 때문이다.

놀라운 것은 가치에 관한 모든 연구 방법은 유파를 불문하고 고도의 일치를 이루었다. 기호학에 있어 언어는 모든 문화전파 현상과 가치 현상의 기초이고 범례이다. 이를테면 Christion Metz는 이렇게 지적하였다. 도상에는 일련의 비도상적 코드가 존재할 뿐만 아니라 또 도상적 코드 자체도 언어를 참조할 때에만 비로소 존재한다. Michel Colin의 관점은 더욱 예리하다. 그는 도상과 언어의 정의 간에 규정적 상호 의존 관계가 존재한다고 보았다. 시각 표상의 작용에 관한 연구에서도 상징 영역을 잊어서는 안 된다는 것이다. Julian Hochberg와 Virginia Brooks는 시각 도상에 대한 어린이들의 이해는 동시에 구어 습득이 개입할 뿐만 아니라 이러한 이해는 구어 습득과 관련된 것이라고 경험적으로 인정하였다.[21]

3. 도상의 정보

이것은 매우 까다로운 문제이다. 많은 사람들은 도상을 언어보다 더욱 쉽게 이해할 수 있다고 여긴다. 그렇지만 사실은 그리 쉽게 이해할 수 있는 문제가 아니다. 도상이 정보를 전달하는 방법이 서로 다르기 때문에 우리가 도상을 읽을 때도 여러 가지 서로 다른 방법을 사용해야 한다. 언어를 이해하는 방법으로 도상을 이해해서는 안 된다. 기호학파는 이 점에 특별한 관심을 가지고 도상 의미와 단어 의미 간의 기본적인 구별을 특별히 강조하였다.

미국 학자인 Sol Worth는 이렇게 지적하였다. 도상에 대한 해석은 단어 해석과 다르다. 왜냐하면 문법적, 통사적, 시간 효율적, 진실의 특징이 단어의 해석과 서로 다르기 때문이다. 그런데 도상은 진위로 평

---

21   Jacques Aumont: L'image[M], Paris: Nathan, 1990, 참조.

해서는 안 된다. 적어도 구어 의미에서의 진실과 거짓으로 기준을 잡을 수는 없다. 그것은 다만 어떤 기술을 표현할 뿐이고 특히 그것도 소극적인 기술 표현에 불과하다.

도상은 '아니'를 외칠 수 없다. 바로 Margritte가 자신의 담뱃대 그림에 표시한 문자 Ceci n'est pas une pipe(이것은 담뱃대가 아니다)처럼 말이다. 그렇다면 그 도상은 가짜인가? 물론 단어도 도상처럼 확정된 물리적 색깔을 가지고 있는 것은 아니다. 바로 한 편의 정치선언문을 보고 우리는 그것을 녹색이나 홍색이라고 확정지을 수 없는 것과 같다.

사실 우리는 상반되는 측면에서 그 유사성을 유지하거나 혹은 양자 간의 필연적 연계성을 유지할 수 있다. 앞에서 제시한 '관찰된' 것과 '명명된 것'은 가장 분명하게 도상의 '시각적 의미'와 '해석적 의미' 간에 상관관계를 맺을 필요성을 보여준다. 자크·오몽은 그 가운데서 중요한 한 개념은 바로 '도상은 명명하는 코드'라고 여겼다. 물론 아직도 상당한 다른 요소들을 보충해야 한다.

에코(Eco)에서 롤랑·바르트까지, 또 최근의 추세까지를 보면 어떤 언어를 이해하고 도상을 이해한 '중요한' 메커니즘 간에 일치성 가설을 기반으로 도상의 '생성' 기호학을 구축하고 있다. 이 점에서 현재 부분학자들은 공감대를 형성하였다.

도상 생성 기호학은 사실 도상의 중요한 상징적 의미를 보유하는 것이다. 왜냐하면 도상은 뜻을 표현할 수 있기 때문이다. 이 점에서 볼 때, 도상은 입말과도 밀접한 관계가 있다. 자크·오몽은 '우리는 분명하게 일부 도상 철학에 대해 반대하는 입장이다. 이런 도상 철학은 도상에서 '직접' 세계를 표현하는 방법을 발굴하고자 한다. 그들은 언어에 맞서 싸우지만 언어를 사용하지 않고 지름길을 찾으려고 한다.[22]라고 지적하였다. Roger Munier는 저서 『반도상(反圖像)』(Contre L'image)에서 이렇게 말한다. 도상은 일종의 보편적이고 강력한 암시 전달 방식으로 쓰기 형식을 대체한다. 그 뿐만 아니라 도상은 전통적인 인간과 사물 간의 관계를 뒤바꾸었고, 세계는 더이상 명명하는 것이 아니다. 도상은 자체의 중복 과정을 통해 자신을 표현하는데, 도상은 자신의 묘사 방식을 바꾸었다. 그리하여 그는 아래와 같은 결론을 내렸다. 도상은 위험하다. 그리고 도상은 일종의 새롭고 지금까지 없었던 형식을 받아 들임으로써 현재를 뛰어넘어야 한다. 그리하여 도상의 지구촌 사람들에게 일종의 언어로 자아를 묘사하여야 한다.

이처럼 도상 정보를 해독하는 관점들을 계속하여 나열하자면 아직도 멀었다. 그중에 어떤 관점은 도상이 성행하는 것에 박수치거나 환호하고, 어떤 관점은 도상의 침입으로 세계 종말이 온 듯한 우려를 표현하고, 어떤 관점은 도상을 지지함에 있어서 마치 도상 외에는 눈에 보이는 것이 없다는 듯 안하무인격이고, 어떤 관점은 도상을 극도로 증오하여 혼신을 다해 도상을 저주한다. 사실 이런 태도를 가져서는 안 된다. 이 점 역시 일부 전문가나 학자들의 경망스럽고 흥분한 심적 상태를 잘 반영하고 있으며, 도상에 대한 그들의 얕은 인식과 유치한 태도를 폭로하고 있다. 그리고 어떤 관점은 흔히 현실 세계에서 도상의 동일화 작용을 지나치게 높이 평가하면서 도상의 '상징적 전략'을 망각하곤 한다. 이렇듯 양자를 대립하여 사용하는 것은 결코 어떤 공통점도 존재하지 않는다. 동시에 어떤 관점은 언어가 도상의 '심처(深處)'에 나

---

22   Jacques Aumont: L'image[M], Paris: Nathan, 1990, P.193.

타나는 현상을 지나치게 저평가하고 있다. Minier는 당연히 도상에 '종속'되어야 하는 언어의 관점에서 볼 때, 영화는 매우 효과적인 형식이라고 한것에 반해, Pasolini는 영화에서 '현실적인 서면 언어'를 볼 수 있어야 한다고 지적하였다.

도상은 사회과학이면서 또 자연과학이란 점을 여기에서 특히 강조할 필요가 있다. 자연과학의 측면에서 볼 때, 도상은 자연과학을 재현하거나 해석하는 도구일 뿐만 아니라 그 자체가 자연과학 연구 대상이다. 사회과학 면에서 볼 때, 도상은 지식을 전파하고 문명사회를 구축하는 중요한 매개로, 세계에 대한 사람들의 인지와 상상을 구축해 내며, 사람의 인지와 상상의 방법을 제공하고 있다.

2. 도상학이론

도상(image)은 일종의 구조적 기호의 틀이다. 기호는 한 문화 혹은 하위문화 구성원들이 공유하는 의미 체계이고, 그것은 부호와 관례 규칙으로 구성된다. 도상을 해석하는 것은 의미를 발견하는 과정이다. 의미는 시각 정보에서 획득할 뿐만 아니라 나아가 문화 속에서 이해하는 것이 필요하다.

가. 도상학

도상학은 글자 그대로 도상에 관한 학문이고 도상에 관한 논의이다. 도상은 시각 조형 활동 및 시각적인 작품이 가지고 있는 도상의 의미에 대하여 해석하는 과학이다. 현재 도상학은 인문 사회과학이기도 하고 또 자연과학이기도 하다.

서양에서 '도상학'이란 용어는 그리스어의 도상이 변화하여 만들어진 도상지(圖像志)에서 발전한 것이다. 그것은 처음에는 그리스도 신자의 도상(그리스도의 상과 신자 화상) 체계에 대한 설명 및 연구였고, 회화 주제의 전통, 주체의 표현, 의미 해석 및 역사 문화 발전 맥락을 연구하는 것이었다. 도상학 및 도상학과 관련된 어휘(iconography, iconology)가 서양에서 매우 복잡하고 다의적이어서 도상학이 서양에서 생겨날 때부터 논쟁이 끊이질 않았다. 도상학에 대한 중국어 번역과 해석, 논쟁도 계속 있었고, 관점도 각각의 특징과 근거가 있었다. 이 글에서는 실용적 것을 주선으로 삼고 도상학의 가장 중요한 면을 보여주고 독자들에게 그것의 기본적인 모습을 제공하고자 한다. 따라서 도상학의 전반에 있어서 깊이 있게 연구해야 할 세부적인 것까지는 다루지 않기로 한다. 본고에서 다루게 될 서양 학자와 중국어 역자의 논술은 결코 필자가 이러한 관점을 동의하여 인용한 것은 아니고, 다루지 않은 것이라고 하여 이러한 관점을 무시하거나 반대한다는 의미도 아니다.

앞에서 언급한 바와 같이 도상(icon, picture, image)의 정의는 꽤 복잡하다. 미국 학자들이 대부분 서사학적 각도에서 문제를 고려한다면, 유럽의 학자들은 대부분 기호학적 각도에서 이 문제를 바라본다. 그 결과 도상(icon, picture, image)에 대하여 서로 다른 관점과 서로 다른 시각의 해석이 생겨났다. 중국의 학자들도 이러한 해석에 대하여 서로 달리 이해할 필요가 있고, 학문적 배경이 서로 다른 전문적인 담론이 필요하다. 사실 도상학에 대한 이해와 전문적 해석을 한다는 것도 상당히 어려운 문제이다. 현재 중국 학술계에서 도상학에 관한 논의도 무척 뜨겁고 아직 정론이 없다. 타이완 학자 천화이언(陳懷恩) 선생은 저서 『도상학-시각예술의 의미 및 해석』에서 도상학에 대해 매우 자세하게 정리하였고 깊이있게 연구하였다.

천화이언 선생은 영어 세계를 예로 들어 'Iconologe'와 'Iconography'에 대한 웹스터 사전(2000년 5월 베이징세계도서출판사에 펴낸 미국 Merriam-Webster's

의 영어 사전-역자 주)의 표제어 해석을 정리하였다.[01] 아래 표1과 같다.

[표1] 도상학에 관한 영문의 해석

icon(ikon)	1572년 영어세계에 처음 나온 것으로 라틴어이고 그리스어 eikōn에서 왔다. eikenai와도 매우 유사하며 그 용법과 의미는 다음과 같다. 1. 자주 보는 도상으로 IMAGE와 의미가 같다. 2. 특히, 그리스어 eikōn의 의미이다. 즉 전통 종교 도상으로 일반적으로 작은 목재 재질의 그림판에 그린다. 그리스 정교의 제사에 쓰인다. 3. 점검을 거치지 않은 숭배물로 IDOL과 뜻이 같다. 4. 지표로 용법은 EMBLEM, SYMBOL과 같다. 예를 들면 "이 집은 1860년대 가옥 건물의 징표(icon) 중 하나이다." (Paul Goldberger) 5a. 어떤 기호(문자 혹은 도형 표지)이며, 그 기호의 형식은 내재적 의미를 암시할 수 있다. 5b. 컴퓨터 모니터에 있는 도형 표지이며, 일반적으로 사물의 종류 혹은 어떤 기능을 가리킨다.
Iconography	1678년 중세의 라틴어 iconographia에서 기인한 것으로 그 글자는 그리스어 명사인 eikonographia-묘사, 기술, 동사인 eikonographein-기술하다, eikon-+graphein (쓰다)에서 왔다. 1. 어떤 주제와 상관되며, 혹은 그 주제를 직접 설명하는 도상 자료이다. 2. 전통이나 답습에 의해 전해 내려온 도상 혹은 표지는, 그 도상이나 표지는 확실한 주제와 관련된다. 일반적으로 어떤 종교나 전설의 주제이다. 3. 예술품, 예술가 혹은 어떤 예술의 영상 계열이거나 상징 계열이다.

---

01   천화이언(陳懷恩), 『도상학-시각예술의 의미 및 해석』, 19쪽.

Iconography	4. ICONOLOGY와 같다.
Iconology	프랑스어 icoonologie에서 왔고, icono-icon - + - logie- logy 이 두 단어가 조합되어 만들어진 약 1736년에 나타났다. 이것은 도상 혹은 예술적 상징에 관한 연구를 가리킨다.

※『도상학-시각예술의 의미 및 해석』19-20쪽에서 인용.

웹스터 사전에 따르면 명사 'Iconography'는 네 가지의 응용 방법이 있다.

(1) 'Iconography'로 '어떤 주제와 관련되거나 직접 그 주제를 설명하는 도상 자료'를 가리킨다. 이때의 'Iconography'는 넓은 의미의 '도상 모음집'이나 '주제 갤러리'와 같다.

(2) 'Iconography'로 일부 '전통이나 답습해 온 도상 혹은 표지로, 그 도상 혹은 표지는 확실한 주제와 상관된다. 일반적으로 어떤 종교 혹은 전설 주제'를 가리킨다. 서양 전통에서 볼 때 이때 말하는 'Iconography'는 기독교 도상학 혹은 그리스 정교 성상학(聖像學)에서 보는 각종 도상과 비슷하다.

(3) 'Iconography'가 만일 '예술품, 예술가 혹은 어떤 예술의 영상 계열 혹은 상징 계열'을 가리키는 데 사용한다고 할 때, 그것이 가리키는 것은 '총체'적 도상이다.

(4) 문자 사용자가 'Iconography'를 'Iconology'와 같은 것으로 간주할 때 'Iconography'는 한 학문을 가리킨다. 그런데 'Iconography'를 정말 'Iconology'와 같은 것으로 여길 수 있는가? 이는 학술 문제이다. 일반적인 사전은 물론 여기에 많은 잉크를 들여 설명할 필요

도, 그럴 생각도 없다.[02]

서양에서 초기의 도상학은 예술사에서 잉태하였다. 그때 도상학은 두 가지 모습을 하고 있었다.

하나는 이러한 학술 연구가 유럽의 구상 회화 주제에 대한 인식과 설명에 주력하였다. 그것이 주목하는 문제는 이러한 회화에서 묘사하는 인간, 사건, 사물이 어떠한가? 그림에 있는 장면은 어떤 의미가 있는가? 도상 속에 있는 인물은 또 어떤 개념을 구현하고 있으며 사람을 본뜬 그림인가? 상술한 이러한 도상 묘사 형식은 어떤 것을 텍스트로 삼는가? 하는 문제이다.

다른 하나는 도상의 의미를 이해하고, 도상의 함의를 해석하는 예술사학적 방법에 주력한다. 이 방법을 'Iconography'라고 할 수도 있고 'Iconology'라고 할 수도 있다. 그렇게 하면서 도상 주제 내용을 연구하는 도상학과 구분한다. 만일 실용적 각도에서 출발하여 도상학을 '응용도상학'과 '해석도상학'으로 구분한다면 복잡한 학술 문제도 어느 정도 풀이가 쉬워진다. 어느 시대의 특정 도상에 관한 일반적 소감에 대한 설명이고, 동시에 어느 시대의 집단 심미 형식에 대해 진행한 설명은 '응용도상학'(Iconography)이라고 할 수 있다. 만일 예술학 중 하나의 역사학과에 관한 것이라면 학문 목적은 예술 작품을 판정하고 기술하는 데 그 목적이 있으며, 동시에 더 나아가 이러한 예술 작품의 내용을 해석[03]할 경우 '해석도상학'(Iconology)이라고 할 수 있다.

도상은 자체의 역사가 있고 도상 역시 역사 속에 존재한다. 도상학

---

02   천화이언(陳懷恩), 『도상학-시각예술의 의미 및 해석』, 20쪽.

03   천화이언(陳懷恩), 『도상학-시각예술의 의미 및 해석』, 16-17쪽.

의 변화는 매우 복잡하여 시기별로 서로 다른 역할과 기능을 한다. 종합적으로 보면, 도상학은 시각 작품에 관한 해석과 설명을 하는 전체적인 학술이론 연구와 실천 활동이다. 천화이언 선생은 그 과정을 몇 개 시기로 나누었다.

초기에는 도상학(Iconography)으로 유럽의 르네상스 시기에 나타난 독특한 예술 유형과 도상 표현 형식을 설명한다. 이러한 예술 유형의 창조자 혹은 설계자들은 자발적으로 각종 도상과 언어가 서로 결합할 때의 규범과 준칙을 만들어 내고, 도상의 상징 계통을 구축할 때 창조자의 노력을 충분히 표현한다. 그러므로 후기 도상학 연구자들은 이 시기를 도상학이 확립되는 시기로 본다.

전통 도상학(Iconography)은 이 체계를 따라 꾸준히 활발하게 발전하였다. 처음에는 도상을 정리하여 집성하는 형식으로 전개되었지만 명확한 선택 방법과 해석 원칙들이 있었다. 이처럼 체계화된 도상 정리와 설명 작업을 도상학이라 불러도 전혀 과언이 아니다. 동시에 이러한 실천적 성격이 강한 도상 체계의 구축으로 후세 사람들이 예술 대상의 주제와 내용에 관한 연구를 진행할 가능성을 제공하였다. 다시 말해서 우리가 오늘날 도상 속에 존재하는 모티프, 관점과 반복적으로 나타나는 소재에 관하여 기술하고 분류하여 작품이 드러내고자 하는 의미를 인식할 수 있는 것은, 온전히 예술가들이 상징을 창조할 때 진행한 일련의 자각적 실천으로 정해진다.

전통 도상학의 노력으로 이러한 연구 활동이 19세기에 드디어 정식으로 학문 명칭을 획득하게 된다. 이 학문을 중국어로는 현대도상학(現代圖像學)이라 한다. 앞에서 언급한 것처럼, 현대 도상학은 전통 도상학의 성과를 기반으로 이루어졌다. 거기에는 'Iconography'와 'Iconology' 두 가지 측면을 포함하고 있다. 학자들은 한편으로는 전통 도상학의 연구 방법과 순서를 계승하며 개선하고, 또 다른 한편으로는 도상학의 의미를 인식하는 문화적 해석 루트를 개척하여 도상학을 하나의 문화인류학, 철학과 인접한 인문학으로 만들었다.

포스트 모던 도상학이 대응하는 학술적인 문제는 대부분 'Iconology' 차원에서 다루어졌다. 그런데 일부 예술학 창작자들도 'Iconology' 용어를 사용하여 자체의 철학적 의미에 색채를 더했다. 미국의 포스트모더니즘 작가들은 더 자주 'Iconology' 용어를 직접 사용하여 파노프스키를 대표로 하는 현대 도상학의 학술 주도적 지위에 도전장을 내밀었다. 이로부터 알 수 있듯이 '도상'을 중심 의제로 하는 학술 활동을 기술하고 또 여전히 발전 과정에 있는 이 학술의 흐름을 설명하고자 할 때, 도상학이란 이 용어는 나름 꽤나 적합하다. 천화이언 선생은 예술학의 범주 안에서 도상학 문제를 논의하고 결론을 내렸는데 합리적이고 이치에 맞는 해석이다.

도상학의 발전과 사회적 작용은 예술가와 역사학자들, 심지어 전체 인문 사회과학 종사자들의 통제 범위를 이미 뛰어넘었다. 도상학이 생겨난 초기, 심지어 서양에서 '도상학' 학문을 발전하는 이전-'프리(前) 도상학' 시기에, 사람들은 이미 '도상학'의 이론적 도구를 광범위하게 사용하여 시각 작품의 문제를 분석하고 해석하였다. 사람들은 '도상학'의 분석 방법을 사용하여 사회생활, 특히 자연과학 연구 과정에서 발생하는 문제들을 해결하였다.

이에 필자의 관점은 아래와 같다. 서양의 도상학에 관한 명사가 나타난 시간은 고증할 수 있지만 도상학 결코 이 명사가 나타난 후에야 생겨난 것이 아니라는 점이다. 이에 앞서 인류의 무수한 과학기술의 실현과 인문 사회과학의 실천은 '도상학'이란 단어의 사용이 도상 과학 혹은 도상학 실천에 대한 명분을 인정하는 것에 불과하다는 것을 확실히 보여준다. 마치 아이가 성장한 후에 이름을 짓는 것과 같다. 그렇다고 아이의 나이는 절대 이름을 짓는 그날부터 시작되는 것이 아니다.

고금중외에 도상학이라는 명사에 대한 고찰과 논쟁은 너무나 많다. 특히 서양에서 '도상학'이란 단어가 나타난 시기를 비롯해 대부분의 논쟁은 아무런 실질적 의미가 없었고 도상학의 구축에도 전혀 도움이 되지 않는다. 도상학은 이미 논쟁을 위한 논쟁과 사변적 범주를 훨씬 뛰어넘었다. 그것은 위로는 천문, 아래로는 지리, 좌로는 철학, 우로는 예술을 아우르는 광활한 천지에서 자유롭게 완성되어 왔다. 이론가들은 그 때문에 공을 들이고 시간을 들여 가며 끝없이좋은 말로 도상학을 고찰하고 연구할 필요가 없다. 중국이 지난 수천 년 동안 '도상학'을 위해 노력한 행동은 우리들이 '항상 떠도는 구름에 눈이 가려' 학문을 하는 초심을 잊어서는 안 된다는 점을 일깨워 준다. 도상학 실천의 들판에서 실사구시로 도상학을 체험하고 고찰해야 마땅하다.

나. 도상학의 사명

도상학이 오늘날까지 발전하면서, 맨 처음 유럽 예술학 관점에서의 '도상학' 연구와는 이미 다른 모습을 보여주었다. 현재 우리가 가리키는 '도상학'은 하나의 이론 대상을 구축하고 또 완전히 형식화된 패턴을 제기하며, 도상의 정의 자체, 그리고 도상의 구조와 동력 등을 해석하고

자 노력하고 있다. 그 성격은 철학적인 것이며, 도상학 연구에 관한 일종의 이론적 사고이다. 도상학은 원래 시각 인상에 대한 인지를 통해 한 시대를 관통하는 복잡한 문화 영역 이해를 돕고자 하는 데 목적을 두었다. 이 근본적 관점은 과거로부터 지금에 이르기까지 크게 변하지 않았다

서양에서 도상학의 사명은 '곧 우리들을 대신하여 마치 암호처럼 의미가 명확하지 않은 고대 도상의 비밀을 푸는 데'에 있다. 천화이언 선생은 "감성적인 표현을 빌린다면, 도상학 연구자들은 마치 잠자리에든 어린 아이에게 이야기를 들려주는 부모처럼, 귀에 익은 어른들의 여러 이야기 플롯을 계속 반복하는 것과 같다."라고 형상적으로 비유하였다. 바로 코프 슈미트(Copp Schmidt)가 지적한 것처럼 "도상학의 목적은 시대의 변화에 따라 점차 사람들이 망각한 그러한 도상의 의미를 기술하거나 재건하여 예술사의 문외한이거나 그 유형의 예술 영역에 소속되지 않은 전문가들이 그런 예술품의 실질적 내용을 이해하도록 하는 데에 있다."[04]

도상은 사실 일종의 매개, 즉 일종의 시각적 매개이다. 사람들이 가장 관심을 두는 것은 이러한 매개가 일으킬 수 있는 사회적 가치이다. 그리하여 이 '가치'는 도상학 연구의 본질적 임무가 되었고, '가치'의 '생산'과 '교환'이 도상학 연구의 모든 내용이 되었다.

천화이언 선생은 '시각 언어'의 담화 형태에서 토마스 아퀴나스(Thomas von Aquin)는 도상의 생산 가능한 '의미'를 표2로 제시하였다.

---

04   천화이언(陳懷恩), 『도상학-시각예술의 의미 및 해석』, 14쪽.

[표2] 토마스 아퀴나스의 "의미" 구분

문 (Littera)	1. 단어적 의미 Sensuslitteralis／역사적 의미 sensushistoricus: 경전에서 언급하는 확실한 역사 사물을 가리킴.
질 (Nucleus)	2. 비유적 의미 Sensusallegoricus: 경전에서 언급한 역사 사물의 형상, 곳곳에 예수와 교회의 종적을 드러냄.
	3. 도덕적 의미 Sensustropologicus / sensusmoralis: 경전에서 이러한 역사 사물의 형상을 빌려 개체 생명에 제기한 권유를 나타냄.
	4. 종교적 의미 Sensusanagogicus: 경전에서 이러한 역사 사물의 형상을 빌려 신비한 타세(他世) 혹은 말세의 신학적 의미를 제기함.

※『圖像學-視覺藝術的意義與解釋』에서 재인용, 30쪽.

바로 13세기 한편의 원고가 보여주듯이 단어의 의미는 우리에게 사건을 알려 주고, 비유적 의미는 우리에게 신앙을 알려 주며, 도덕적 의미는 우리에게 행위를 지도하고, 종교적 의미는 우리에게 노력해야 할 방향을 알려 준다.[05]

예술 작품의 시각적 해석은 간단명료하고 실용적인 도상 해석의 입장을 더욱 설득력이 있게 해 준다. 즉 도상의 '의미'를 세 가지 측면, 즉 원뜻(meaning), 의미(significance)와 암시(implication)로 이해한다.

곰브리치(E. H. Gombrich)에 따르면, 사람들은 저자의 원뜻을 해석할 때 반드시 그 원시적 의도와 방안을 파고든다고 한다. 작품이 관찰자에게 주는 계시와 의미를 설명할 때 사람들은 시간별로, 지역별로 서로

---

05   천화이언(陳懷恩), 『도상학-시각예술의 의미 및 해석』, 31쪽.

다른 의미로 해석하기도 한다. 그런데 사람들은 작품이 내포하고 있는 의미나 창작의 이념을 추론할 때, 이러한 암시(implication)는 해석학 입장에서의 해석적 융합이 될 수 있다.[06]

이러한 도상에 대한 설명과 해석 방법은 모두 효과적이다. 그러나 일반론을 두고 말할 때 파노프스키(Erwin Panofsky)의 도상에 관한 3D 해석론이 더 많은 사람에게 받아들여졌다. 이 이론은 세계에서 국적이 다르고 문화 종족 집단이 다르며 신앙이 서로 다른 도상학 연구자들이 장기적인 실천을 통해 검증된 이론이다.

파노프스키의 이론적 요구에 따라 먼저 해야 할 것은 도상에 관한 기술이다. 도상 기술은 또 프리(前) 도상학 기술이라고도 하며, 도상과 물체를 분별하는 작업이다. 파노프스키는 우선 도상에 대하여 전기 초상(肖像)학적 기술을 해야 한다고 주장한다. 각종 모티프 연구에 한정된 이 단계에 도상 작가들이 표현한 라인, 색채, 명암 등에 대한 재현을 통해 구성된 대상이나 사건의 모티프 세계를 분석해야 한다. 이 작업은 사실 매우 간단해 보인다. 우리들의 실제 경험에 따라 편하게 할 수 있기 때문이다. 그러나 결국 그렇게 간단한 작업은 아니다. 개인의 경험이 아무리 풍부하다 할지라도 수없이 변화하는 모티프 세계에는 알 수 없는 영역이 많기 때문이다. 개인의 과학문화 지식이 아무리 풍부해도 현실의 물상(物像) 세계에서는 속수무책일 경우가 허다하다. 그러므로 우리들은 끊임없는 학습과 실천을 통해 우리들이 잘 알고 있는 확실한 전문 지식과 변증법적 역사관으로 모티프 세계에 관하여 기술해야 한다. "우리들이 완전히 실험 경험에 근거하여 모티프들을 감별한다고 생

---

06   천화이언(陳懷恩), 『도상학-시각예술의 의미 및 해석』, 32쪽.

각할 때, 사실상 우리들은 '대상과 사건은 모두 역사 조건에 따라 형식을 통해 표현된다'는 관점으로 '관찰한 사물'을 이해하는 것이다. 이렇게 하여 우리들의 실천적 경험은 매너리즘의 역사라는 정확한 프레임 안에 놓이게 된다."⁰⁷

다음은 도상 분석이다. 도상 분석은 도상학 분석이라고도 하는데, 바로 도상이 상징하는 바를 분석하고 확인하는 과정이다. 도상학 분석은 각종 문화 전통 속에서 전승되어 온 특수한 소재와 개념에 대한 이해를 선결 조건으로 한다. 그것이 정사든 야사든, 또는 문자 자료든 민간 구전 자료든 상관없다. 파노프스키는 도상학 분석이란 형상과 이야기, 심지어 우화를 연구하지만, 모티프와 전제(presupposes)는 연구하지 않는다고 말한다. 그러므로 도상 작가들은 반드시 이러한 역사적인 것들을 속속들이 알아야 한다. 어떤 경로와 수단을 선택하든 간에 자료를 충분히 이해해야만 익숙한 길을 걸어가듯 자연스럽게 표현할 수 있다는 것이다. 그는 이렇게 예를 들어 말하고 있다. '호주의 정글민들은 「최후의 만찬」 이라는 작품의 주제(subject)를 알 수 없다. 그들에게 있어서 이 작품은 단지 흥이 오른 오찬 파티로 보일 뿐이다. 이 회화 작품의 초상학(iconography-역자) 내용을 이해하자면 그는 반드시 『복음서』 내용을 잘 알고 있어야 한다. 마치도 어떤 작품, 그것도 '교양이 있는 사람'만이 우연히 알고 있는 역사와 신화적 소재를 재현한 작품을 만났을 때, 『성경』에 관련된 이야기나 장면이 아니지만, 우리는 모두 호주의 정글민으

07   파노프스키, 『시각예술의 함의(含義)』, 부지강(傅志强) 역, 심양: 요녕인민출판사, 1987, 42쪽.

로 변한다.[08] 물론 우리들이 충분하게 믿을 만한 자료를 알게 되었다고 할지라도 오해없이 정확하게 분석할 수 있다는 보장도 없다. 바로 매너리즘의 역사가 우리의 실천적 경험을 수정하는 것과 같이 이러한 전통적 지식과 문자 자료들도 역사를 바탕으로 수정하는 것이 필요하다.

마지막으로 도상 해석이다. 도상 해석은 도상해석학에서 말하는 해석, 곧 도상의 문화 근원을 해석하는 것이다. 우리는 도상의 해석이라고 직역할 수도 있다. 이러한 해석을 파노프스키는 성상학(聖像學)의 해석이라고 한다. 물론 이는 특정한 소재의 응용과 개념의 전달이 아니며, 전통 지식과 문자 자료에 대한 정리만은 아니다. 그것은 도상에 대한 전문적 학문과 수양이 있으면서도 보편성을 가진 분석 담론이다. "우리가 모티프에 대하여 선택과 표현을 하고 형상을 구성하고 이야기와 우언을 창작하고 해석하며, 심지어 형식적 배치와 기술 과정에 내용을 부여한 그러한 기본원칙을 잘 알게 될 것이라고 우리는 기대한다."[09] 이것은 다른 그 무엇을 위한 것이 아니라 도상의 해석이 도상의 내용이 표현하려는 것과 서로 일치하도록 하기 위함이다.

다. 도상학 연구

현재 도상학 연구는 이미 세계적인 학문이 되었다. 그러나 도상학이 예전에는 이렇게까지 주목받지 못했다. 연구자들은 각자의 동기와

---

08   파노프스키, 『시각예술의 함의(含義)』, 부지강(傅志强) 역, 심양: 요녕인민출판사, 1987, 43쪽.

09   파노프스키, 『시각예술의 함의(含義)』, 부지강(傅志强) 역, 심양: 요녕인민출판사, 1987, 46쪽.

목적을 가지고 각자의 학술 배경과 학문적 관점에서 출발하여 도상학의 여러 방면을 연구하였고, 따라서 도상학 연구도 최근 몇 년 동안 엄청난 성과를 거두었다. 다양한 목소리와 다양한 관점들이 서로 겨루며 말 그대로 백화제방(百花齊放), 백가쟁명(百家爭鳴)의 국면을 이루고 있다.

필자가 도상 및 도상학 연구 분야에 발을 들인 지도 꽤 긴 세월이 흘렀다. 처음 십여 년은 형사로서 현장 조사 목적으로 주로 '흔적 도상'에 힘을 쏟았다. 그 뒤 십여 년은 예술창작과 촬영 교육의 수요에 따라 '유사성(相似性) 도상'에 몸을 담았다.. 20여 년간 이론 연구에 대한 관심과 연구 프로젝트의 수요로 인해 필자는 '상징성 도상'에 가히 혼신을 다했다. 지난 나의 30년은 '도상에 묶인' 30년이라고 할 수 있다. 비록 수요와 목적은 다르지만 한결같았던 것이 있었다면 그것은 바로 도상학의 실용적 기능을 개발하고 이용하는 것에 중점을 두고, 도상학의 공구적 방법과 실험 검증을 통해 도상학의 연구 방법을 수정하고 보완하는 데 최선을 다한 점이다. 이 모든 것은 내 개인적인 연구 관심에서 비롯된 것이라 할 수 있다. 다시 말하면, 필자는 끊임없이 도상학의 형이하적 민간응용을 해석하는 일에 몰두했던 것이다. 그 과정에 조금씩 체득하고 조금씩 지식이 쌓였지만 도상학 연구자들의 형이상학적 거시 이론에 비하면 아직도 도상학 연구라고 말하기에는 부족하다. 이 점 또한 필자가 느끼기에 유감스러운 부분이기도 하다. 그러나 분명한 것은 도상학의 방법론에 관한 탐구는 필자가 끊임없이 진력하는 과업이다.

도상 혹은 도상학 연구는 바로 '의미'에 관한 연구이다. 도상의 의미는 명확하기도 하고 모호하기도 하고, 사람들에게 알려지기도 하고 사람들에게 수수께끼이기도 하다. 그러나 도상은 결국 '의미'의 '생산'과

'교환'의 그릇으로, 의미를 구성하고 전파하는 데 매우 효과적인 매개체이다. 도상의 시각적 모델을 통해 가장 오래되고도 영원하며, 가장 쉬우면서도 어렵고, 보편적이면서도 독특하게 세계를 기술하고, 세계를 상징하며, 세계를 이해한다. 그러므로 필자는 도상학 연구를 도상의 '의미'에 대한 해석으로 간주한다.

도상 의미에 대한 해석에서 우리는 반드시 도상의 세 가지 장(場, field)에 관심을 가질 필요가 있다. 상세하게 논하기 전에, 우리는 도상의 세 가지 형태를 알아야 한다. 즉 기술적 형태, 구성 형태와 사회 형태이다.[10] 이 세 가지 도상 형태를 파악하는 것은 도상을 이해하는 데에 매우 유익하며, 도상학 연구의 기본적인 학술 방향이기도 하다. 뒤에서 전문적인 연구의 예시를 제공할 것이다.

(1) 기술적 형태. 어떤 사람은 도상 기술을 '사람들이 관심을 끌도록 설계하거나 자연적 영상의 임의적 형식을 미화(美化)한 메커니즘'(그림, 영화, 텔레비전 혹은 인터넷 등)이라고 정의하였다. 이 점 역시 우리가 별도로 장절(章節)을 설정하여 특별하게 근대 도상의 생산 기술을 논하는 중요 원인이다. 만일 기술적 각도에서 도상을 고찰하지 않는다면, 도상에 관한 연구는 분명 깊이가 얕아질 것이다. 도상 기술을 벗어난 도상 신문 연구는 일종의 도상 주체와 유리된 담론 구축으로 과도한 해석을 한 위험이 깔려 있다.

(2) 구성적 형태. 도상의 제작 과정에 사람들은 반드시 일부 형식적

---

10   Gillian Rose, 『시각연구도론』, 왕국강(王國强) 역, 타이베이: 군학출판유한공사, 2006. 저서에서 필자는 시각도상에 관한 일부 방법론 도구를 논술할 때 시각도상의 모드-기술적, 구성적, 사회적 특징을 논의하였다.

기획을 해야 한다. 이를테면 내용, 라인, 색채 및 공간 배치 등을 고민해야 한다. 이러한 기획 과정에서 일부 형식은 흔히 같이 나타나기도 한다. 그러므로 도상의 시각적 소양이 있는 사람은 특수한 구성을 빌려 일부 도상의 뜻을 정한다. 그러므로 연구 과정에 반드시 도상의 작가에 대하여 될 수 있는 한 자세하게 연구해야 한다. 그들의 작업 태도, 도상 구축 수단, 시각적 스타일, 문화 배경에 이르기까지 면밀한 분석이 필요하다.

(3) 사회적 형태. 이는 지나치게 심플한 표현이다. 일반적으로 그것은 도상의 주변을 둘러싼 경제, 사회와 정치 관계, 건립 제도 등의 범주를 가리킨다. 이러한 범주를 통해야만 비로소 도상을 고찰하고 사용할 수 있다. 그러므로 연구 과정에 도상의 사회 형태에 대하여 충분한 관심을 가져야 한다. 특히 도상을 분석할 때 각종 관계가 서로 얽혀서 나타나는 현상에 특별히 주의해야 한다.

이상에서 본 도상의 세 가지 형태 구분은 현대 전파학의 창시자이고 『전파수학모식(傳播數學模式)』의 저자 클로드 섀넌(Claude Shannon)과 워런 웨이버(Warren Weaver)가 전파 연구의 문제를 다음 세 가지 측면으로 구분한 것과 유사하다. ① 기술적 측면. 어떻게 정확하게 전파 부호를 전달할 것인가를 탐구한다. 이것은 도상의 기술적 형태와 같다. ② 의미적 측면. 부호를 전송할 때 어떻게 하면 정확한 원뜻을 전송할 것인가를 탐구한다. 마치 도상의 구성적 형태처럼 도상이 조형 부호(이를테면 색채, 라인 등)를 사용하여 전체 화면의 도상 부호를 구성하여 의미를 전파하게 된다. ③ 효과적 측면. 수용한 후의 의미가 어떻게 효과적으로 소기의 행위에 영향을 주는가를 탐구한다. 마치 도상 전파의 사회적 효과를 논하듯이 이 역시 도상이 '의미'를 생산하는 최후의 장소이다. 필자는 이처럼 간단한 선형성과 과정을 강조하는 연구 성격은 많은 비판을 초래할 것임을 분명히 알고 있다. 그렇지만 이러한 간단한 방식의 연구도 지속적인 발전을 가져올 것이라고 믿는다.

상술한 여러 형태는 모두 아래 세 유형의 장소를 설명할 때 발견한 것이다. 그러므로 장소 간의 구분도 매우 명확한 것은 아니다. 우리가 반복적으로 강조한 것처럼 '의미'는 정보 속에서 이해해야 할 뿐만 아니라 문화 속에서 이해하는 것이 더욱 필요하다.

(1) 도상의 제작 장소. 우선 도상을 생산하고 제작하는 환경 조건이 도상 재현의 효과에 영향을 줄 것이다. 모든 도상의 재현은 어떤 방식으로 제작되는데 그것이 생산되고 제작되는 환경 조건이 도상 재현의 효과에 영향을 주게 된다. 도상을 제작할 때 사용하는 물질 재료, 제작 기술은 도상의 형식, 의미와 효과를 정한다. 도상 기술은 도상의 외관과 관계되며, 도상이 맡는 역할과 받는 대우에도 분명 영향을 준다. 도상학 연구를 놓고 말하면, 도상의 생산 제작 과정에 사용하는 물질 재료와 제작 기술을 이해하는 것이 중요하다. 도상학 연구에서 이러한 부분의 문헌 자료를 수집하는 데 유의하고, 도상의 제작 기술을 고찰하는 것을 중시해야 한다.

도상의 효과는 일부는 명백히 자연발생적이지만, 상당한 부분은 기술에 의해 실현된다. 예를 들면 석인(石印) 기술로 인쇄하여 만든 도상은 목각 기술보다 선명하고, 신문 사진의 진실성은 촬영 기술에 공을 들인다. 연구 과정에 되도록 시각 도상의 제작 과정에 기술이 일으키는 분명한 효과를 자세히 고찰해야 하며, 또 이러한 효과가 단순히 기술적인 문제가 아닌 점에도 주의해야 한다.

도상을 제작하는 두 번째 형태는 그 구성과 관련 있다. 일부 학자들은 도상의 생산 제작 조건이 구성을 지배한다고 논증한다. 도상의 유형(필자는 유형 우선 원칙에 동의한다. 즉 우선 도상의 텍스트 속성을 확인하고 그다음에 도상에 대해 해석해야 한다는 관점이다)과 관련된 측면에서 이러한 논증이 가장 유효하다. 어떤 도상은 어느 한 유형에 맞지만, 동시에 그것은 또 기타 유형의 도상과도 관련성을 맺고 있다. 이 점을 명확히 해야만 내용이 풍부한 도상 자료를 해석할 수 있다.

도상을 제작하는 세 번째 형태는 사회성이라고 말한다. 마찬가지로 많은 전문가, 학자들은 사회적 형태야말로 시각 도상을 이해하는 가장 중요한 요소라고 주장한다. 또 어떤 이들은 오직 문화 생산이 동반된 경제 과정만이 시각적 상상을 만들어 낸다고 한다. 본고도 이 관점에 동의하며 이에 근거하여 도상을 분석할 때 반드시 도상을 생산하는 문화경제 과정에 대하여 다차원적 이해를 해야 한다고 본다. 그러나 광범위한 생산 계통이 도상 의미에 미치는 영향을 지나치게 강조한 나머지 어떤 때에는 도상 자체의 특성과 세부 내용을 등한시할 수도 있다는 점은 잘 알아 둘 필요가 있다.

사회적 형태가 도상 제작에 결정적인 작용을 하는 것은 사실이지만 정확하고 세밀한 분석 방법도 소홀히 해서는 안 된다. 특정한 도상 출판 기구와 도상 작품을 주목해야 할 뿐만 아니라 도상을 전시하거나 혹은 출판업계의 전체적인 운영 상황에도 관심을 가져야 한다.

(2) 도상 자체 장소. 다음은 도상 자체가 스스로 구성하는 장소에 대하여 살펴 보자. 도상은 언어 문자의 구성 형태와는 완전히 다른 시각

적 형태로 구조적 기호의 구성이다. 도상은 깊은 의미가 있는 평면으로, 이 시각적 평면에는 시니피앙과 시니피에로 가득하다. 거기에는 현장의 기호가 있을 뿐만 아니라 또 재현한 기호도 있다. 도상은 외부 세계의 사물 의미를 드러내어 세계를 추상화하고, 또 그 추상성을 외부 세계로 되돌리는 구상 능력이 있다. 이러한 능력은 상상력이라고도 한다. 그러므로 도상 자체가 스스로 구성하는 장소에 관한 연구는 도상학 연구에서 가장 중요한 영역이 되었다.

도상이 생산하는 '의미'의 두 번째 장은 도상 스스로 구축하는 과정 및 기술이다. 도상의 구성 형식은 사람들이 도상을 관찰하는 방식을 이룬다. 도상 자체의 장 구성 형태에 관한 연구가 도상의 관찰 방식을 설명한다는 것에는 상당한 설득력이 있다. 그런데 이러한 설명은 도상의 제작 조건을 참조하여 해석하는 관찰 방식을 거부한다. 그러므로 우리는 신중하게 도상을 대해야 한다. 말하자면 엄밀하고 엄격한 자율성과 자각성을 기반으로 하여 분석해야 한다.

도상의 기타 구성 부분은 사회적 관례에 의해 결정된다. 이를테면 일부 도상은 특정 목적에 따라 특정 매체와 전시 공간에서 사용하도록 제작한다. 그러므로 어느정도 그것이 보이는 모습을 결정한다. 이러한 점은 각종 복제된 도록에서 특히 명확하게 반영된다. 어떤 사람은 도상은 자체의 효과를 내는데, 그런 효과는 도상 제작(전파와 함께)의 여러 가지 제약을 뛰어넘었다고 주장한다. 이를테면 어떤 사람들은 촬영 도상의 특수한 성질은 우리들이 특정 방식으로 그것의 사용 기술을 알게 되었다고 말한다. 촬영 도상이 아니면 그렇게 이해할 수가 없다는 것이다. 혹은 그러한 특수 성질이 도상에 탑재된 사회적 형태를 만들었으며, 만약 그렇지 않으면 만들 수 없다는 것이다.

(3) 도상 전파의 장. 마지막으로 도상의 사회의 전파와 관련된 장에 대한 설명이다. 도상의 수용자들은 전문가나 학자들이 그들을 대신해 실시한 도상의 '의미'에 관한 해석에 동의하거나 동의하지 않는다. 그들은 자신의 문화 배경에 따라 도상을 해석한다. 우리는 수용자들이 어떤 방식으로 인정하거나 거부하는 것이야말로 도상 '의미'와 효과의 최종 제작 장소라고 생각한다. 이것이 바로 도상의 사회적 전파 장이다. 여기서 수용자들은 도상의 관찰자이기 때문에 도상 수용자들도 매체 자료의 독자처럼 자신들의 관찰 혹은 읽기 방식 및 기타 지식을 가지고 수용하게 된다. 이 점이야말로 도상의 '의미'를 제작하는 가장 중요한 필드이다. 존·피스크(John Fiske)는 '수시(收視)'란 용어로 이 점을 지칭하였다. 시각 도상의 의미는 특정한 상황에 있는 관중들이 새롭게 정하거나 거부하는 데에 따라 정해진다.

유아독존적 도상의 의미는 도상의 기술적 필드에서 만들어진 것이다. 이론가들도 항상 도상을 제작하고 전시하는 기술이 관중들의 반응을 제어한다고 주장한다. 사실상 이 점은 세심하고도 신중하게 고려해야 할 문제이다. 이를테면 어떤 영화를 TV로 시청하는 것과 영화관에서 3D로 시청하는 것의 시각적 느낌이 같은가? 도상의 원작을 보는 것과 일반적인 도록에 있는 복제품을 볼 때 과연 같은 느낌일까? 어떤 측면에서 볼 때 도상의 제작 기술 문제가 확실히 관찰 느낌에 큰 영향을 주게 된다. 이를테면 도상의 크기, 품질, 재질에서 받는 느낌 차이는 크다. 그러나 이보다 더 중요한 문제가 있다. 서로 다른 맥락에서 도상은 수용자들이 어떤 방식으로 주목하는가 하는 문제이다. 인파가 많은 번화한 거리에서 도상 삽화가 있는 책을 보는 것과 조용한 도서관에서 자세하게 원본을 보는 것은 분명 다르다. 우리가 말하고 싶은 점은 도상의 사회적 전파 장소, 즉 도상의 관찰 지점이 의미와 효과에 매우 중요하다는 것이다.

도상 요소의 형식적 배치는 관중들이 어떻게 도상을 관찰하는가를 좌우한다. 그렇다고 형식적 배치가 유일한 결정적 요소라고는 보지 않는다. 이 외에 개별적 관찰자는 도상에서 작가가 제공하는 그 무엇을 관찰할 뿐만 아니라 그들은 또 도상이 제공하는 일부 여유 정보를 통해 다른 무언가를 관찰하게 된다. 그러므로 관중들로서는 자신만의 해석권이 있다. 그러므로 도상 연구에서 당시의 도상 관중들에게도 관심을 가져야 한다.

도상의 사회 전파 장소와 직접 관련이 있는 것은 도상의 사회적 구성이다. 사회적 형태는 도상의 전파 범위를 이해하는 데 가장 중요한 형태일 수 있다. 어떤 경우에는 이는 서로 다른 사회적 관례의 문제가 되기도 한다. 서로 다른 사회의 관례는 특정 장소에서 특정한 도상의 관찰을 구성한다. 사람들은 일반적으로 특정 방식으로 시각 도상을 처리한다. 그런데 이렇게 처리하는 관례는 도상 전파 장소와 도상 종류의 차이에 따라 어느 정도 달라진다. 도상의 전파 장소와 두 번째로 관련된 것은 도상의 사회적 형태이다. 도상학 연구는 반드시 관찰자의 사회적 동의, 서로 다른 수용자들이 어떻게 서로 다른 방식으로 특정 시각 도상을 해석하는지, 수용자들의 서로 다른 사회적 찬동이 어디서 기원하는지에 대해 주목해야 한다.

도상학 관점에서 말하면, 도상은 세 가지 구성 형태, 즉 기술적, 구성적, 사회적 형태를 가지고 있다. 이 세 가지 서로 다른 지향성은 우리들이 도상을 연구하는 서로 다른 시각을 제공하고 나아가 서로 다른 결론에 이르게 하였다. 도상의 기술성, 구성성과 사회성 문제를 분석하는 것은 도상학 연구의 기초이다.

도상이 '의미'를 생산하고 제조하는 필드는 도상 제작 장소, 도상 자체의 장소와 도상 전파 장소를 포괄한다. 어떤 장소든지 우리는 모두 기술적이고 구성적이며 사회적인 이 세 지향점 혹은 형태에서 출발하여 도상을 연구해야 한다. 이 역시 도상학 연구가 상대적으로 독립적이고 완벽한 방법론이기도 하다.

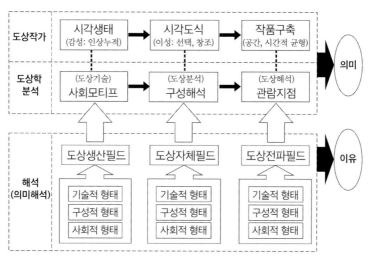

[그림51] 도상의 생성, 도상의 분석과 도상학 해석의 안내도, 한충야오 작

독자들이 복잡한 도상학 이론을 더 빨리 이해하려고 필자는 도상의 생성, 도상의 분석과 도상학 해석을 [그림51]로 설명하였다. 이 그림은

다만 도상학 연구를 인지하는 간단한 안내도일 뿐 도상학 연구의 어떠한 원리적 설명은 아니란 점을 강조하고자 한다.

사. 도상학의 연구 내용 및 연구 방향

현대 사회에서 학술 연구의 경로는 다양하다. 도상학의 연구 내용은 역시 풍부하고 복잡하다. 지금까지 이 모든 것은 충분한 연구목적을 갖고 당당히 진행되어 왔다고 말할 수 있다. 어떤 연구는 텍스트의 주장에 관한 것이고 어떤 연구는 텍스트 자체에 관한 것이다. 필자는 도상학 연구에서 우선 탐구해야 할 문제는 바로 도상과 본질에 관한 문제라고 생각한다. 선사시대의 도상을 고증하고 조사하는 것부터 시작하여 '선사 시기의 '모방 도상'과 '흔적 도상'을 논의해야 한다. 연구 과정에서 도상의 흔적, 도상의 유사성, 도상의 상징성에 착안하여 각종 도상의 성질에 대하여 깊이 있게 논의해야 한다. 각각 다른 도상 유형 중 어떤 도상 유형의 물질적 기초, 구성 양상과 사회 장소에 근거하여 구체적이고도 상세하게 도상의 근본적인 속성을 분석해야 한다.

도상과 현실의 관계를 논의하는 것은 도상학 연구가 반드시 부닥쳐야 할 문제로 도상 수용자들의 감지, 도상의 진실성과 현실을 연구해야 한다. 그중 도상과 현실의 유추, 도상의 유사성 흔적에 관한 의제는 역사와 현실적 관점에서 이중적으로 개입해야 하고, 심지어 도상의 시각적 도식(圖式)의 내부로 깊이 들어가 분석함으로써 도상의 현실과 현실주의적 도상 범주를 확정하고, 도상, 인간, 현실 이 삼자 간의 합성, 복잡한 표현, 감지 관계를 연구해야 한다.

도상은 인위적 사물이다. 그것은 한 사물이 다른 사물에 미친 영향으로 존재된 것이다. 그러나 도상은 보다 독립적이고 객관적 존재이며, 시간과 공간의 관계적 유형이기도 하다.

도상과 공간의 연구에 있어서, 공간에 대한 사람들의 인지로부터 출발할 수 있다. 그리고 더 나아가 투영과 투시(透視), 표면과 심도(深度), 장면과 공간의 문제를 탐구한다. 여기서 공간의 믿음과 믿음의 공간 문제를 연구할 필요가 있다.

도상과 시간의 연구에 있어서는, 우선 삶의 시간과 도상 시간의 문제를 명확하게 밝혀야 한다. 도상의 종합적 시간, 도상의 은폐성 시간과 도상의 순간, 시간성 도상에 대하여 자연과학적 이성으로 논증하고 인문학적 감성으로 기술해야 한다.

앞에서 별도의 학문적 지식으로 설명한 것처럼, 시각 도상은 일종의 사회화한 기호적 구성이다. 그것은 어떤 주제를 표현하고, 주제는 또 시각적 주체를 탑재하고 있다. 그런데 시각적 주체는 또 시각 원소, 심지어 일종 시각 부호/조형(造型) 부호로 구성되었다. 아래의 [그림52]와 같다. 그러므로 도상과 주제, 도상과 구성, 도상과 부호 등의 연구 내용은 반드시 전문 도상학 연구에 더욱 치중하여 도상의 기표와 도상 '의미'를 구축하는 텍스트 형태를 중점적으로 분석해야 한다.

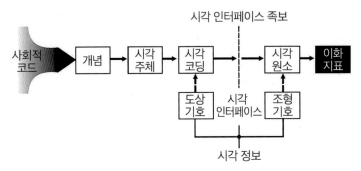

[그림52] 사회-도상-원소, 한충야오 작

도상은 시각적 사물(the visual)이고, '의미'(meaning)를 탑재한 텍스트이다. 도상을 읽는 과정은 동시에 의미를 발견하는 과정이다. 도상에 대해서는 너무나 많은 해석이 난무하는데 고차원적이며 전문적인 논의가 필요하며 결코 무절제한 '라이브'이 되어서는 안 된다. 도상은 일종의 전파 텍스트이고, 예술 양식 혹은 시각예술의 주요 양식이라고도 말할 수 있다. 그러므로 '도상과 담론', '도상과 예술', '도상과 의미'와 같은 의제에 대해서는 더욱 전문적인 해석이 필요하다. 이론적인 면에서는 거시적으로 도상학의 학문적 특징을 기술해야 하고, 내용적인 면에서는 그것의 학문적 원리와 함축적 의미를 분석해 내야 한다. 아래의 [그림53]과 같다.

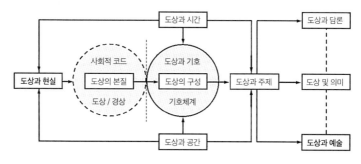

[그림53] 연구 내용 간략도, 한충야오 작

도상학의 연구 방향은 현재로서 아래와 같은 세 가지 측면에서 찾아 볼 수 있다.

우선 일반 도상학 연구이다. 이 연구는 철학적 성격을 띠고 있는데, 하나의 이론적 대상을 구축하고, 또 완전히 형식화한 전체적인 모델을 제시하는 것이다. 도상의 정의, 구조 및 동력 등 내용을 포함한다.

다음은 전문적 도상학 연구이다. 이 연구는 도상의 언어적 구조를 연구하는데, 구성, 조직, 조형 부호, 도상 부호, 의미, 통사, 의미론 및 실용적 철학을 포함한다. 주로 이론화하고 개념화한 관점을 연구하고, 특수도상 계통이라고 이를테면 시각 부호, 영화의 화면, TV 도상, 촬영 구도, 회화 기법, 녹화 기법 등을 연구한다.

세 번째는 응용 도상학 연구이다. 이 연구는 일종의 연구 모델로, 그 학문적 엄밀성은 도상학 수단의 응용을 기반으로 한다. 이러한 수단이 가정한 사회적 일치성은 검증을 거치지 않았거나, 혹은 너무 많은 우연적 해석과는 상대적인 것이다.

3. 현대 도상의 특징

　현대 도상이란 사람들이 물리, 화학, 전자 등 원리를 이용하여 현대 기계 도구로 제작해 낸 기술적 도상을 가리키는데, 기구적 도상이라고 도 부른다. 전통적인 수공작법으로 도상을 그리는 원리와 달리, 기구적 도상은 비록 인공적인 과정을 거치기는 하지만 사람들이 기계, 전자 등 의 설비를 사용하여 '생산'해 낸 것이며, 그것의 가장 큰 특징은 도상의 복제성에 있다. 전통적인 것과 비교하면 현대적이고, 수공 작업에 비하 면 기계 제작이다. 그러므로 그것을 기계 도상이라고 부른다. 기구 기 술(카메라, 촬영기, 비디오카메라 등 기기)과 기술(기록)한 대상물 간에는 엄격 한 비례 관계가 있어 시각적 형식의 유사도가 매우 높아서(동일 비율로 축 소 혹은 확대) 영상(影像)이라 부르기도 한다.

가. 현대 도상과 전통 도상

　전통 수공 작업으로 그린 도상(이를테면 토템, 암벽화 등)은 이미 인류사 회에 존재한 지 몇만 년이 되었지만, 문자의 역사는 불과 몇천 년에 불 과하다. 글은 전통 도상에 비해 전통 형태상 아직 매우 젊다. 기구 도상 은 문자 이후에 나타난 것으로, 시간으로 말하면, 1839년 촬영 기술의 발명부터 시작되었다. 촬영 후에 나타난 영화, 텔레비전, 컴퓨터 등 의 기구로 제작한 도상은 모두 기구 도상 혹은 영상이라고 할 수 있는데, 거기에는 디지털 도상도 포함한다. 전통 도상과 상대적인 개념으로 기구로 제작한 영상을 현대 도상이라고 부른다.

1. 문제 제기

어떤 사람은 영상-기구 도상의 출현은 과학기술의 발전에 힘입은 것이라고 주장한다. 과학기술의 발전은 과학 연구에 의한다. 과학 연구가 있고 과학 연구의 기술(사상의 표현 방식)이 있어야 기구 도상이 생겨날 수 있다. 이 점 역시 빌렘·플루세러(Vilém Flusser)가 기구 도상을 '기술적 도상'(technical image)[01]이라고 부르는 까닭이다. 그러나 필자는 이 관점을 전적으로 동의할 수는 없다. 왜냐하면 '기술'은 사실 인류 문명의 변화 발전 과정에서 항상 동행하기 때문이다. 노동이 인간을 창조하고 인간이 노동할 때 노동 기술의 능력에 익숙해지면 그것이 곧 일종의 기술(이를테면 여러 차례 같은 조직적 형태로 수렵하고, 뾰족하게 깎아 만든 나무 막대로 물고기를 잡고, 광물 안료를 사용하여 그림을 그리고, 같은 마디와 음높이로 노래를 부르는 등)이다. 석기시대에 나온 수작업의 전통 도상도 하나의 기술로 인정해야 한다.

사실 도상은 언제나 두 요소(매체와 재현 물체)의 상호 작용 속에 존재

---

01   빌렘 플루세르는 저서 『Towards a Philosophy of Phitography』에서 기술적 도상은 기구(apparatus)가 만들어 낸 것이라고 주장한다. 그의 견해에 따르면 촬영 기술이 발명되기 전 사람들이 수공으로 그린 도상은 기술적 도상이라고 할 수 없다. 그렇지만 사실은 그렇지 않다. 기술은 인류의 물질문명과 함께 존재하는 것이다. 현대 의미에서의 기술은 현대 과학의 지도하에 생겨난 생산 기술을 가리킨다.

한다. 양자 중 어느 하나를 떠나도 도상은 존재하지 않는다. 심지어 예술 가치가 매우 높은 회화 작품에서 '기술'은 흔히 '예술' 자체를 뛰어넘어 일종의 신비한 가치를 누린다. 고품질의 가치 표현은 그 공을 절대 그들의 예술적 기초로 돌리지 않고, 오히려 화가가 익힌 기술적 능력으로 돌린다. '모든 예술에는 물리적인 부분이 있다.'[02] 다만 전통 도상-수공 그림과 기구 도상-영상의 결정적인 차이점은 영상 작가와 그 기술 간의 관계에 있다. 촬영사에게 있어 모든 관중은 새로운 사회 계층의 일원이며 관중에게 있어서 모든 촬영사 역시 서로 다른 엔지니어를 대표한다. Camille Recht은 일찍이 이런 비유를 한 적이 있다. "바이올리니스트는 반드시 자신이 음률을 만들어야 하고, 순식간에 음률을 찾아내야 한다. 그런데 피아니스트는 건반을 두드리기만 하면 소리가 난다. 화가와 촬영 전문가는 모두 도구를 사용할 수 있다. 화가가 스케치할 때 하는 색을 맞추는 과정은 바이올리니스트가 음을 만들어 내는 것과 같다. 촬영가는 피아니스트와 마찬가지로, 한정적 법칙의 제약을 받는 기기를 채택하였지만, 바이올린은 이러한 제한을 받지 않는다. 피아니스트들은 아무도, 파데레프스키(Paderewski)도 바이올리니스트 파가니니(Paganini)만큼 명성을 얻기 어렵고 그처럼 묘기에 가까운 마술적 기예를 펼칠 사람도 없다."[03]

복제가 가능한 기구 도상(현대 도상)이 발명되기 전에 복제할 수 없는 수작업 도상(전통 도상)이 더욱 강한 기술의 결정적 요소를 가지고 있었

---

02   폴 발레리(Paul Valéry), 『없는 곳이 없는 정복』 예술파일, 파리, 1934, 103~104쪽, 七星神社, 11284쪽. 이 글에서는 『迎向靈光消逝的年代』, 58쪽 재인용.

03   『迎向靈光消逝的年代』, 허기령(許綺玲) 역, 타이베이: 대만촬영공작실, 1998, 32-33쪽 재인용.

다. 그러므로 이유 불문하고 카메라, 영화 촬영기, 비디오카메라, 컴퓨터 등의 기기로 제작한 복제 가능한 도상을 기술적 도상이라고 부르면서 전통 수작업으로 만든 도상과 대립시키는 것은 매우 그릇된 것이다. 물론 그것을 기구 도상이라고 부르는 것도 그다지 타당치 않다. 그렇지만 논의의 편의를 위해 우리는 복제 가능한 독특한 특징을 가진 도상을 기구 도상이라고 부르기로 한다. 이것이 기술적 도상이라고 부르는 것보다 문제의 핵심에 더 가깝다. 전통 도상에 상대적으로 우리는 또 기구 도상을 현대 도상이라고 부르기로 한다.

2. 추상적 결과

문화 형태적 측면에서 볼 때, 전통 도상은 대략 몇십만 년 전에 생겼다. 그리고 지금으로부터 5천 년 전을 전후로 문자가 탄생했고, 문자가 탄생한 후 수천 년 후인 19세기에 이르러서야 오늘날 흔히 볼 수 있는 기구 도상이 나타났다. 전통 도상은 첫 단계에 속하는 추상화다. 왜냐하면 전통 도상은 실제 존재하는 외부 세계로부터 뽑아 풀어낸 것이기 때문이다. 현대(기구) 도상은 세 번째 단계에 속하는 추상화인데 기구 도상은 글에서 발췌한 것이다. 돌이켜 보면, 글을 보면, 글은 도상이 실제 존재하는 외부 세계에서 풀어 해석한 후 다시 한번 추상화한 결과이다. [표 3]과 같다.

[표3] 추상화 세 단계

1 단계	전통 도상	현상(추상적)	실재한 외부 세계에서 선택 재현

2단계	문장 (도상 해석)	개념화	실재한 외부 세계에서 선택 재현 후 추상화됨
3단계	현대 도상 (기구 도상)	추상화	문장을 바탕으로 선택 재현

오늘날 사람들은 기구 도상(이를테면 영화, 텔레비전, 신문 사진 등)을 읽을 때 그것을 추상화(혹은 개념화)한 것이라고 보지 않고 여전히 그것을 독도의 첫 단계로 간주한다. 그러므로 도상의 기능은 그리 쉽게 드러나지 않는다. 결과적으로 촬영 작품은 비교적 선명하게 표현하고, 영화 작품은 비교적 함축적으로 표현하며, 텔레비전 작품은 매우 직설적으로 표현한다. 그리고 디지털 영상물은 보다 자의적이다. 그것이 보여주는 것은 일종의 탈현대적 양식으로, 즉 부서지고 분리되고 개념화한 선형적 형태이다.

텔레비전 도상이 표현한 텍스트 의미는 텔레비전 자체와 기술 면에서의 의미와는 다르다. 텔레비전이 사람들에게 전달하는 그 자체 정보는 거짓이다. 이것을 텔레비전으로서 사람들에게 전달되는 메시지-TV 허구'라고 한다. 텔레비전은 우리 사회를 해부하는 동시에 또 구조(構造)하기도 한다. 양자 간의 균형 유지에는 비판적 힘이 필요하다.

우리는 전통 도상을 실재하는 외부 세계에서 뽑아 풀어낸 것으로 생각한다. 그것이 생활에 대한 완전한 '사실'이라고 절대 말하지 않는다. 어떤 현실주의든지 모두 상대적인 것인데, 이는 문화 환경이 다르면 서로 달라지기 때문이다. 사회마다, 시기마다, 개인마다 모두 자신의 관념으로 세계를 해석한다. 전통 도상은 수작업 기술이므로 수학처럼 정확할 수 없다. 작가마다 모두 현실 생활에 대한 자신의 '사실'에 대한 척도를 가지고 있다. 그러므로 도상 작품(주로 예술품으로 불림)을 대함에 있어서 관찰자로서의 태도를 확실히 해야 한다. ① 중요한 것은 소재가 아니라 일부 특정 회화에서 소재를 처리하는 방식(스타일이나 전통)이다. ② 예술품은 투명한 창에서 본 외부 세계의 모습이 아니고 인류가 세계를 관찰하는 일종의 독특한 방식(무수한 방식 중 하나)이다. ③ 예술품은 물체를 표현할 뿐만 아니라 또 그것에 '논평'을 가한다. ④ 예술품에 대한 우리의 반응은 예술품이 기술한 사물에 대한 반응이 아니다. 그것은 자체적으로 특징을 가지고 있는데 이러한 특징은 그 사물이 기술되는 방식에서 집중적으로 표현된다. ⑤ 예술품의 조직과 구조는 소재 자체에 대한 조직 구조와 다르다. ⑥ 예술가들은 언제나 자기 개인의 관점과 입장을 예술품에 반영한다. ⑦ 현실에 대한 기술은 그 자체의 모습대로 나타나지 않는다.[04] 그러므로 전통 도상은 현실 생활에 대한 일종의 해석이며, 화면 위의 현실 생활 현상(작가가 보고 생각한 것들)은 기구 도상의 물리학 의미에서의 기록이 아니다. Blocker의 지적처럼 회화와 현실 간에는 일종의 시각적인 상호 일치 혹은 관계가 존재한다. 이러한 일치는 언어와 현실 간에는 존재하지 않는다. 언어의 재현은 완전히 관례적이지만, 예술 재현은 일부만이 관례를 따른다. 그러나 회화가 재현할 때 일부만이 관례적이므로 우리는 영원히 현실 세계에 대하여 완전히 객관적으로 재현한 회화 작품을 찾지 못한다. 기구 도상(영상)과 현실 간의 일치성은 전통 도상에 비해 훨씬 강하다. 그런데 초점거리가 서로 다른 렌즈를 사용하면, 이러한 일치성은 완전히 파괴된다.

---

04   Gene Blocker(미), *Philosophy of Art*, 텅소우야오(滕守尧) 역, 청두(成都): 사천인문출판사, 1998, 46쪽.

이러한 불확실한 일치성은 현실의 객관적 재현의 가능성에 의구심만
들게 한다.

3. 현대 도상의 위치

해독의 측면에서 말하면, 현대 도상의 위치에는 두 가지 뜻이 포함
되어 있다. 하나는 공간적 위치이고, 다른 하나는 시간적 위치이다. 빌
렘·플루세르(Vilém Flusser)는 역사상의 전통 도상을 '선사적'(pre-historical)이
라 하고, 기술적인 기구 도상을 '포스트 역사적'(post-historacal)[05]이라고 칭
했다. 사실 현대 도상을 해독한다는 것은 그것의 시공간 위치를 해독하
는 것을 뜻한다.

이른바 현대 도상의 위치란 주로 그것의 시간 위치를 가리킨다. 현
실 세계에서 도상에 이르는 이 과정에는 하나의 추상화된 과정(현실 세
계에 대한 추상화)이 있다. [그림54]에서 이 과정을 간략하게 나타냈다.

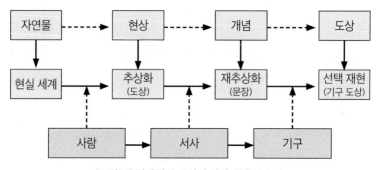

[그림54] 현대(기구) 도상의 위치, 한충야오 작

---

05   Vilém Flusser(체코), Towards a Philosophy of Photography, 이문길(李文吉) 역, 타이
      베이: 원류(遠流) 출판주식회사, 1994, 35쪽.

[그림54]을 보고 이런 의문이 들 수도 있다. 오늘날 사람들은 왜 사진이나 영화 또는 텔레비전을 보면서 그것을 현실 세계라고 생각할까? 왜 그것을 현실과 동떨어진 개념화한 산물로 생각하지 않을까? 사실 우리가 텔레비전, 영화, 촬영 화면을 통해 그 무엇을 해석하기 전에 도상 제작자들은 이미 어떤 의미를 부여하여 놓았다. 물론 이상적인 상황은 당연히 도상 제작자들이 시각적 원소 및 시각 원소의 구성 조건만을 드러내어 도상의 수용자들이 스스로 보이는 영상의 다른 면(심리)에서 진정한 의미를 해석하는 것이다. 도상 제작자들은 관중에게 하나의 상상적 공간을 제공하기만 하면 된다.

수용자들이 도상을 '열람'하는 과정에 개념은 이미 밑장빼기가 되어 있다. 왜냐하면 전통 도상은 현상이지만 현대적 도상은 개념이기 때문이다. 이해를 돕기 위해 불교 조각상을 예로 들어 보려고 한다.

불교는 세계 3대 종교 중 하나로 신자가 많다. 불교는 그 기원, 전승, 발전하는 단계 모두 도상으로 관통되어 있다. 오늘날 많은 불교 신자들이 사찰을 찾아가 공경을 표하는데 불상을 마주하고도 대부분 그들의 이름과 특징도 모르며, 그것의 출전은 더욱 모른다. 불조(佛祖) 석가모니(범어, Sākya-muni)[06]의 존용도 분명하게 구분하지 못하는 사람도 있다. 보통은 사찰에서 공양하는 위치에 따라 정해지는데 사실 불교 조상(造像)은 엄격한 규정이 있다. "불교의 모든 불상의 형태는 제작자의 자

---

06 석가모니, 범어 이름은 Sakya-muni이고 바리 이름은 Sakya-muni이다. 뜻인 즉 석가족에서 출생한 성인으로 불교의 교주이다. 북인도 가비라워성(범문 Kapila-vatau) 왕 슈도다나(범문 Suddho-dana)의 세 번째 태자이다. 가리라워성은 지금의 네팔 남부 시로리콧(Tilori-kot) 부근에 있는데 랍티하(Ropti) 동북쪽에 위치. 국토 면적은 320 방리(方里)이고 살로국(범문 Kosala)의 속국이다. 홍학(弘學) 편저, 『불교도상설』 파촉서사(巴蜀書社), 1999, 제일판, 47쪽.

유 의지에 따라 마음대로 조각한 것이 아니고 정해진 규칙에 따라 조각한다. 이 규칙의 기본은 바로 경전과 의궤(儀軌)이고 현교(顯教)는 모두 그렇다. 이른바 의궤란 밀교(密教) 경전에서 말하는 불교 보살과 천부(天部) 등을 공경하여 모시는 의식과 법칙이다. 이러한 의식과 법칙을 도식(圖式)으로 해석하는 것을 의궤라고 통칭한다."[07] 불교 도상의 제작은 인도 장인들의 지혜와 기능에 기인하는데 점차 중국, 네팔, 일본 등의 나라에서 성행하였다. 전하는 바로는, 최초의 불교 조상(造像)의 근거는 석가모니의 제자 부루나가 그린 41세 때 석가모니 화상(畫像)이라고 한다. 바로 [그림55]이다.

[그림55] 부루나가 그린 41세 석가모니 상, 현재 영국 황실박물관 소장.

여기서 전통 도상과 사람들의 정신 생활 간의 관계를 볼 수 있다. 그러므로 전통 도상은 더 나아가 일종의 현상과 정신의 반영이다. 마법과 같은 도상의 이러한 기능으로 하여 화면에는 마법과 같은 매력이 차

07   홍학, 『불교도상설』, 청두:파촉서사, 1999, 3쪽.

넘치게 되는 것이다.

나. 현대 도상의 사회적 특징

현대 도상의 일부 특징은 전통 도상과 매우 비슷하지만, 일부는 그 자체만의 독특한 특징을 드러내기도 한다. 양자 간의 뚜렷한 차이점은 그래도 비교적 쉽게 이해할 수 있지만 비슷한 특징은 쉽게 놓치게 되고 쉽게 헷갈리기도 한다. 여기서 제시하는 특징은 전통 도상에 대한 것이다.

1. 현상과 의미의 공생

누군가가 기구 도상의 촬영 영상을 두고 이렇게 감탄한 적이 있다. 촬영이 어렵다고 하는 이유는 너무나도 쉽게 촬영되기 때문이다. 이것은 모든 기구 도상(텔레비전, 영화 등)을 두고 하는 말이며 너무나 맞는 말이다. 왜냐하면 기구 도상은 바로 눈으로 볼 수 있는 것이므로 일반 수용자들에게 있어서 그것을 해독하는 것은 별로 어렵지 않다. 한번 보면 바로 알 수 있으니 말이다. 그것이 자연적이든 아니면 비자연적이든 그 특징은 한눈에 알아 볼 수 있다. 물론 이 점은 그것의 표상 열람에 해당하는 말이다. 그런데 의미의 측면에서 볼 때, 기구 도상은 전통 도상에 비해 어렵다. 또는 전통 도상만큼 이해하기 쉽지는 않다.

기구 도상은 왜 난해한가? 해답은 당연히 그것이 가지고 있는 특징에서 찾아야 한다. 기구 도상의 가장 큰 특징은 바로 현상과 의미의 공존이다. 사람들은 현상을 관찰한 후 그것을 생활과 결부시켜 해독한다. 사실 기구 도상은 현실 세계의 '재생'이 아니고 현실 세계의 '전형(轉

形)'08이다. '전형'으로 도상은 의미를 획득한다. 영화『홍등(紅燈)』(장예모 감독)과『대완(大腕』(평샤오강 감독)이 전형적 사례이다.

빌렘 플루세르의 관점에 따르면 기구 도상의 의미는 마치 저절로 도상의 표면('마치'란 단어가 아주 재미있는데 또 명확하게 해석하기는 어렵다)에 떠오르는 것 같다. 마치 사람의 지문과 같다. 의미(손가락)는 근원이고 도상(지문)은 결과이다. 기구 도상이 보여 주는 의미의 세계가 도상의 근원이고 도상 자체는 인과(因果) 고리인데 도상과 도상 의미를 연결하는 최후의 끈인 현상과 의미는 기구 도상 앞에서 상실하고 만다는 것이다.. 현실 물상으로서의 빛과 그림자와 렌즈 앞에 놓인 물체는 모두 광파의 형식으로 기계(카메라, 촬영기, 비디오카메라, 스캐너 등)에 의해 하나의 감광 평면 위(필름, 인화지, 테이프, CCD 등 감광 재료)에 포착된다. 그리고 물리, 화학 혹은 전자 수단을 통해 감광 재료에 기록된 영상을 표현하여 우리는 기구 도상을 얻게 된다. 그러므로 도상은 마치 도상의 의미와 같은 진실의 층위에 존재하는 듯하다. '사람들이 기술적 도상을 관람할 때 보게 되는 영상은 해독할 필요가 있는 부호(symbols)가 아니라 도상이 설명하는 세계 징후(symptoms)이고, 우리는 도상을 통해 이러한 의미를 본다. 그 과정이 얼마나 간접적이든 상관 없다.'09

2. 비부호화와 물질성의 공존

도상의 의미와 현상이 동일한 하나의 진실한 평면에 존재하기 때

---

08   한충야오,『촬영론』, 베이징: 해방군출판사, 1997, 276-277쪽.

09   Vilém Flusser(체코), *Towards a Philosophy of Photography*, 이문길(李文吉) 역, 타이베이: 원류(遠流)출판주식회사, 1994, 36쪽.

문에 사람들은 많은 문화 지식과 경험 배경이 없이도 기구 도상을 해석할 수 있다. 그것은 직관적인 화면 형상이지 부호가 아니기 때문이다. 기구 도상은 뚜렷한 비부호성을 지니기 때문에 '객관적'이고 '실체적'(objective) 특성이 있다. 그리하여 도상의 수용자들이 그것을 관찰할 때 그 도상을 진정한 도상으로 간주하지 않고 세계로 열린 창으로 생각한다. 사람들은 마치 자기의 눈동자를 믿는 것처럼 도상을 믿는데 이 모든 것은 도상의 물질적 특성으로 말미암은 것이다. 도상에 관한 어떠한 논평이든 우리는 그 논평이 전혀 도상 자체에 관한 것이 아니라 논평하는 그 관점(vision), 즉 논평은 그 도상의 구체적 상과 무관하며 '도상을 통해 본' 세계임을 발견하게 된다. 이를테면 현재 일부 영화 평론, 텔레비전 평론들은 필름 자체(자신이 평론하는 도상의 재료적 특성조차 제대로 알지 못하는 논자도 있음)는 거의 무시한 채 자신이 본 것에 상상을 더해 연역한다. 혹은 언어(문장) 구조를 사용하여 한마탕 떠들기도 한다. 그 결과 현대 도상(영화, 텔레비전, 촬영 등등)에 관한 논평들이 잇따라 나오고 저서도 계속 출판되지만, 도상의 존재에 관한 언급은 없다.

기구 도상에 대한 본체적 비평을 하지 않는 이러한 태도는 사실상 매우 위험하다. 이러한 태도가 위험하다는 것은 현대 도상의 물질적 특성이 바로 그것의 본질적인 '객관성'(objectivity)에 있다고 판단하기 때문인데 이는 일종의 착각이다. '그것들은 사실상 도상이다. 도상 자체로 볼 때 그것은 상징적 의미가 있으며 전통 도상보다도 한층 더 추상화된 상징적 복합체(complex)이다. 그것들은 문장에 만들어진 부호이다.……그것들이 상대한 문장은 '외부 세계'에 대한 간접적인 설명이다.'[10] 사람

---

10 위의 책, 36쪽.

들이 이러한 도상을 마주할 때 느낀 것은 외부 세계와 관련된 것이지만 완전히 새롭게 재해석한 개념에 불과하다. [그림56]과 같다.

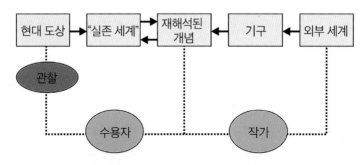

[그림56] 수용자 각도에서 본 도상 제작, 한충야오 작

빌렘 플루세르는 전통 도상과 현대 도상의 부호 및 부호의 특징에 대해 논한 적이 있다. 그는 전통 도상에 대해, 사람들은 자신들이 마주하는 것은 화가가 심혈을 기울여 계획하고 실행한 각종 부호임을 쉽게 알아차린다고 지적한다. 화가는 사실 부호와 상징 의미 사이에 존재하며 상응한 부호를 골라 사용한다. 생활 정경은 이미 화가가 '머릿속'에서 세심하게 배치한 도상 부호이다. 그것이 화가의 안료와 붓을 통해 평면(캔버스, 벽, 암석 등) 위에 부호로 전환된다. 사람들이 이러한 부호를 해독하자면 반드시 화가의 머릿속에서 형성된 코드 프로그램을 해독해야 한다. [그림57], [그림58]와 같다.

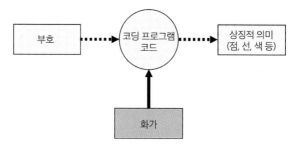

[그림57] 전통(손그림) 도상 설명도, 한충야오 작

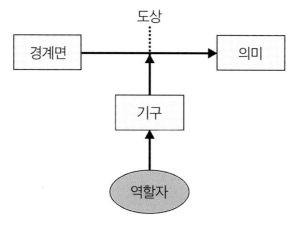

[그림58] 현대(기구) 도상 설명도, 한충야오 작

현대 도상의 코드 해독은 전통 도상에 비해 훨씬 복잡하다. 전통 도 상을 놓고 보면 작가(화가)는 부호와 의미 사이에 놓여 있지만, 현대 도 상에서는 작가가 도상과 의미 사이에 있다. 이 작가는 촬영 기사일 수 도 있고 컴퓨터 관리자일 수도 있다. 예컨대 영상 제작 기기의 사용 자로서 빌렘 플루세르는 작가를 '기기 조종'(apparatud-operator)라고 칭한 다. 그는 도상과 의미 간의 연계를 중단하지 않은 듯하다. 핵심은 '마치'(seen)라는 이 단어에 있다. 반대로 의미는 한쪽(입력 단자)에서 이 요소로 유입되고 한쪽(출력 단자)에서 유출되는 듯하다. [그림59]와 같다.

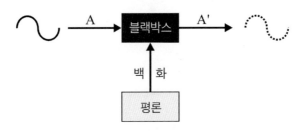

[그림59] 블랙박스의 "백화(白化)" 설명도, 한충야오 작

이 요소(기기 조종자)가 작용하는 과정에 여전히 불명확한 상태를 유지하는데 이 요소 자체가 블랙박스이다. 기구 도상의 코딩 과정은 이 블랙박스에서 발생한다. 그러므로 도상의 평론 문장(촬영, 영화, 텔레비전 등)은 반드시 블랙박스의 내부를 '백화'(whitening)하는 데 관심을 두어야 한다. 우리의 이론 연구의 문장이 '백화'를 할 수 없을 때 우리는 결국 이러한 도상의 문맹일 수밖에 없다. 문제는 지금 이처럼 지식은 있지만 문화가 없는 도상 문맹이 갈수록 많아진다는 점이다.

3. 현대 도상의 복제성

현대 도상이 전통 도상과 가장 근본적으로 구분되는 것은 바로 그것이 가지고 있는 복제성이다. 물론 "원칙적으로 예술 작품은 지금까지 모두 복제가 가능했다."[11] 발터·벤야민은 기계시대 예술 작품의 복

---

11   발터·벤야민, 『迎向靈光消逝的年代』, 허기령(許綺玲) 역, 타이베이: 대만촬영공작실, 1998, 60쪽.

제 문제에 관하여 깊이 있는 연구를 진행하였는데 그에 관한 글인 「L′OEUVRE D′ART À L′ÉPOQUE DE SA REPRODUCT IBILITÉ TECHNIQUE」(중국어 번역문은 「기계 복제 시대의 예술 작품(器械複製時代的藝術作品)」임)을 발표하였다. 기구 도상이 가지고 있는 이러한 기타 작품 및 자신을 복제하는 능력은 그의 본질적 특징으로, 전통 도상과 구별되는 본질적인 차이점이다.

기계의 복제 작용은 다음과 같다. 하나는 기기 렌즈 앞에 있는 '물리 공간'의 경물들을 곧이곧대로 모두 받아들여 감광 재료에 기록한다고, (촬영필름, 영화필름, 텔레비전 비디오 테이프, 디지털 칩 등) '물리 공간'의 복제 영상을 얻게 된다. 다른 하나는 감광 재료 위의 '영상'에 대하여 유사성 처리를 한다.[12] 이렇게 동일한 장소에서 동일한 경물을 찍고, 반복적으로 현상 인화(수출)를 하면서 유사성 처리를 통해 동일한 영상을 얻게 된다. 이것은 촬영 기술이 나온 이후 사람들이 갖게 된 가장 본질적인 복제 능력이다. 그것은 원작품과 복제품 간 구별할 수 있는 가능성을 뒤집어 예술 영역에 직접적인 영향을 주며 사회문화 소비 영역에까지도 영향을 미친다.

기계가 도상을 복제할 때 원작품의 단일적 특성을 와해할 뿐 아니라 또 새로운 '형상'까지도 구축한다. 기계의 복제 능력과 새 형상을 구축하는 능력 역시 그것이 다른 어떠한 예술형식과도 구별되는 본질적 특징이다. 현대 도상의 이러한 복제 능력이 이 시대와 이 사회에 가져다준 가장 큰 충격은 ① 예술품의 비진실성, ② 사물의 비진실성, ③ 복제 도상의 사회와 세계에 대한 비진실성이다.

---

12 한충야오, 『촬영론』, 베이징: 해방군출판사, 1997, 276쪽.

발터·벤야민은 아래와 같이 말했다. '모든 사물의 진실성은 그것이 내포한 모든 것과 또 역전 가능한 성분을 가리킨다. 물질적 측면의 시간적 여정에서부터 그것의 역사적 증거물까지 전부 여기에 속한다. 그리고 이러한 증거 능력 자체가 그 시간 여정의 기초를 마련하기 때문에 복제품의 경우 우선, '시간'은 이미 사람들의 손에서 벗어난 것이고, 둘째, '사물의 역사적 검증' 또한 흔들리게 될 것이다. 분명한 것은 이렇게 흔들리는 그 자체가 곧 사물의 신망 혹은 권위성이란 점이다.'[13]

다. 현대 도상의 의미

비록 현대 도상이 드러내는 뚜렷한 특징이 비부호화지만 그것은 여전히 도상이고 현실 세계가 아니다. 이 점은 의심할 나위가 없다. 문제는 사람들이 그것을 진정한 도상으로 보지 않고 그것을 현실 세계를 가리키는 창으로 보는 데에 있다. 사람들은 도상이란 이 창구를 통해 세계의 의미를 본다. 그 과정이 아무리 간접적일지라도 이 또한 도상의 특징에 부합한다.

1. 의미의 범주

Gene Blocker는 일찍 의미 문제를 논의한 적 있다. 영어에서 뜻, 의미(meaning)는 일반적으로 단어와 문장의 뜻을 가리키고, 그밖에 다른 의미도 여럿 포함한다. 직접적 관계가 있는 것은 곧 어떤 목적과 의도

---

13   발터·벤야민, 『迎向靈光消逝的年代』, 허기령(許綺玲) 역, 타이베이: 대만촬영공작실, 1998, 63쪽.

를 가리킨다. 이를테면 '내 뜻은 그를 도울 수 있으면 돕겠다는 말이죠.' '당신 이게 무슨 뜻이오?' '나는 그것을 발받침대라는 것에 의미를 두고 싶구만' 등등이다. 어떤 경우에는 또 사물 간의 상호 관계를 가리킨다. 이를테면 '이 제안이 통과된 것은 열등 공민이 사라졌음을 뜻한다.', '먹구름은 비가 곧 올 것임을 뜻한다.', '붕붕 우는 소리는 꿀벌이 있음을 뜻하고 꿀벌이 있다는 것은 꿀이 있음을 뜻한다.', '작은 것은 많음을 뜻한다' 등등이다. 물론 이상에서 나열한 언어적 의미 외에 적어도 세 가지 의미 유형이 존재한다. 즉, ① 목적성 의미 ② 상호 관계 의미 ③ 구분 의미[14]이다.

기구 도상은 우리에게 영상과 의미를 한 평면 위에 동시에 드러낸다. 즉 영상과 의미가 함께 있다. 사람들은 기구 도상이 먼저 드러내는 것은 해독 의미라고 생각한다. 그렇지만 사실 도상 자체는 의미가 없다. 도상은 그저 도상일 뿐이다. 의미는 도상의 관중들이 부여한 것이고 도상 자체가 가리키는 그 무엇이다. 사람들은 현대 도상을 영상이라고도 부르며 숭배심을 가지고 있다. 사람들은 자신의 두 눈을 확신하면서 도상을 본 것을 현실 세계를 본 것처럼 여긴다. 관중들이 도상에 부여한 의미를 우리들은 꽤나 쉽게 이해할 수 있다. 그러나 도상이 가리키는 의미는 그다지 쉽게 이해할 수 있는 것이 아니다. 이게 바로 도상의 구조적 우언(寓言)이다. 이를테면 누군가 다큐멘터리를 촬영하기 전에 매우 많이 생각하였고, 매우 훌륭한 생각을 하였다. 도상이 표현하려는 의미에 대해서도 깊이 이해하고 있었다. 그러나 촬영을 완성한 작

---

14 Gene Blocker(미), *Philosophy of Art*, 텅소우야오(滕守堯) 역, 청두: 사천인민출판사, 1998, 270쪽.

품이 기대한 의미를 과연 완벽하게 나타냈다고 장담할 수는 없다. 도대체 무엇 때문인가? 가장 중요한 원인 중 하나는 바로 그가 도상을 구성하는 능력이 부족하였다는 점이다. 방법이 서툴고 기술 응용력이 적절하지 않고 기교가 뛰어나지 못해서 후기 화면의 목적 구성이 당연히 깊고 넓은 의미를 제대로 설명해 내지 못한 것이다. 장예모의 『황토지(黃土地)』, 『홍등』의 화면의 설명 능력이 매우 뛰어났고, 형식도 내용의 일부가 되었다. 심지어 형식 자체가 곧 도상의 기술적 언어가 된 것이다. 관중들에게는 기술적 언어를 내재한 화면 형식은 곧 일종의 텍스트 복합체이다. [그림60]과 같다.

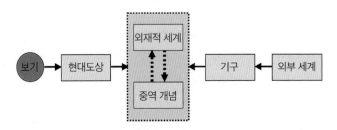

[그림60] 도상과 개념의 복합 설명도, 한충야오 작

2. 기술적 언어

현대 도상이 효과적으로 전파되어 예상한 의미를 생산할 수 있는가는 많은 경우에 그것의 기술적 언어의 응용에 달려 있다. 여기서 말하는 기술적 언어에는 세 가지 함의가 있다. ① 도상 텍스트, ② 화면의 긴장감, ③ 화면의 심미적 밀도 등이다.

도상 텍스트는 곧 도상이 받아 넣은 내용(사람과 사물)이다. 도상이 표현하려는 내용에 대해, 도상 작가는 얻고자 하는 의미 효과에 근거하여 확정하고자 한다. 이를테면 '희망공정'이 학업을 중단한 빈곤 지역 아동들에 대한 의미를 표현하려고 한다면, 실제 상황을 기록한 영상이 더욱 부합할 수 있다. 그러므로 신문기자 세하이룽(解海龍)이 촬영한 『학교 갈래요(我要上學)』에서 사실을 기록한 흑백사진은 이러한 의미를 매우 명확하게 해석하였다. [그림61]처럼 도상의 텍스트는 도상의 의미에 대해 매우 훌륭하게 빌드업했다. 만일 수작업으로 완성한 포스터를 사용하였다면 그 의미의 선명도는 크게 낮아졌을 것이다.

[그림61] <학교 갈래요>, 세하이룽 촬영

화면의 긴장감도 사람들은 시각적 임팩트라고 부른다. 도상은 눈으로 보는 것이다. 화면의 구성은 사람들의 시각적 사유 습관에 맞아야 한다. 색채, 영화의 풍격, 그림의 선 등도 시각적 원소에 시각적 임팩트가 있는 화면을 만들어야 한다. 그렇게 해야 전체적으로 일종의 긴장감이 조성된다. 너무 직설적이어도 안 되지만 또 너무 어수선해서도 안 된다. 적재적소에 이러한 시각적 물리 요소들을 처리하여 그것이 시각의 면에서의 또 다른 측면이 관중의 심리적 지각을 일으키고 또한 마음을 흔드는 임팩트를 만들어야 한다.

이른바 밀도의 문제는 바로 유미물(類美物)을 분석하는 것, 또 어떻게 분석할 것인가 하는 문제이다. 여기서 말하는 유미물이란 각각의 과립적인 몇 가지 심미적 형태로 구성된 미적 대상물을 가리킨다. 어떠한 미적 대상이든지 모두 하나가 아닌 여러 가지 심미 형태가 합쳐서 이루어진 것이다. 독립적인 일종의 순수한 심미적 형태는 존재할 수 없다. '낙일용금(落日鎔金)'은 낙일 속에 금빛이 빛난다는 것을 말하고 있다. 그러나 다만 금빛이 있으면 절대 낙일이라고 할 수 없다. 또 예를 들면 '녹비홍수(綠肥紅瘦)'도 마찬가지다. 만약 붉고 푸른 색깔만 있다면 꽃과 잎, 그리고 그것과 대비해서 일어나는 감상은 존재하지 않는다. 심미적 밀도의 문제는 곧 화면의 전체적 품위에 대한 이해의 문제이다. 왜냐하면 도상 작품의 심미적 효과는 비교적 직관적이기 때문이다. 따라서 이런 문제는 더욱 주의를 요한다.

3. 도상의 신화(Myth)

앞서 우리는 도상은 그저 도상일 뿐 현대 기구 도상(영상)은 현실 세계도 아니고, 현실 세계를 관찰하는 창구도 아니라는 점을 여러 번 강조하였다. 다시 말해서 그것들은 모든 사물을 상황으로 전환한다. 모든 도상과 마찬가지로 신화적 색채를 풍기며 관찰자들을 유인하여 해독을 거치지 않은 신화를 '외부' 세계에 투사한다. 현대 기구 도상은 지금까지 사람들이 알 수 없는 어떤 힘을 가지고 있다. 이러한 힘을 빌렘 플루세르는 '신화'라고 하였다.

빌렘 플루세르는 현대 도상의 신화에 대하여 깊이 있는 탐구를 하였다. 그는 이러한 현대 도상의 신화는 곳곳에서 볼 수 있다고 하였다. 그것들이 어떻게 생명에 신화를 부여하고, 우리는 어떻게 그 중 하나의 작용으로 일들을 체험하고 알아내고 평가하는 것을 곳곳에서 볼 수 있다. 그러므로 그중 어떤 신화와 관련되는가를 추적하는 것은 매우 중요한 공부이다.

빌렘 플루세르는 현대 도상이 발산하는 신화와 전통 도상이 발산하는 신화는 동일한 유형이 아니라고 생각하였다. 텔레비전 모니터나 영화 스크린에서 보는 판타지 광경과 우리가 동굴화(암벽화)나 에트투리아 무덤의 벽화((Etruscan graves)를 볼 때 체험하게 되는 신화는 서로 다르다. 텔레비전과 영화는 동굴이나 에트투리아 무덤 벽화와는 각기 다른 차원에 존재하는 진실의 세계이다. 오래된 신화는 선사시대에 속하는 것이고 역사 의식 전에 존재한 것이라면, 오래되지 않은 신화는 역사가 시작된 이후, 그리고 역사 의식을 계승한 것이다. 오랜 무술(巫術)의 목적은 세계를 변화하는 데 있고, 새로운 무술의 목적은 우리의 '외재' 세계에 대한 개념을 바꾸려는 데 있다. 빌렘 플루세르는 오래된 무술과 새로운 무술의 형식적 차이를 이렇게 말한다. 선사시대의 신화를 '신화'(myths)적 모델(models)의 의식화라고 부르고, 현대 신화를 '프로그램'(programs) 모형의 의식화라고 한다. 신화는 그 신분이 '신'(god)이란 작가이고 구두로 전송하는 모델인데, 신은 전파 과정 밖에 있는 그 무엇이다. 프로그램은 신분이 '작용자'(functionnaires)인 작가가 서면 으로 정보

를 보내는 모델이고, '작용자'는 전파 과정에 있는 사람이다.[15]

4. 도상의 관계식

현대 기구 도상을 보다 잘 이해하기 위하여 그것과 관찰자와 현실 세계의 관계를 고찰해야 한다. 그 관계를 [그림62]의 형식으로 설명하면 다음과 같다.

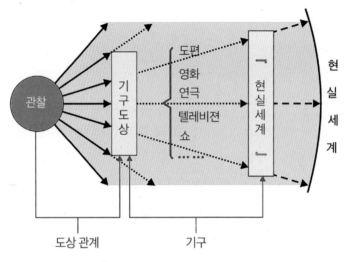

[그림62] 도상의 관계식, 한충야오 작

현대(기구) 도상은 우리들의 시야에서 모두 볼 수 있다. 그러나 우리가 본 것은 결코 이러한 영상에 그치지 않는다. 우리는 또 현실 세계를 볼 수 있고, 영상은 세계를 설명하는 하나의 창구일 뿐 현실 세계 자체

---

15   Vilém Flusser(체코), *Towards a Philosophy of Photography*, 이문길(李文吉) 역, 타이베이: 원류(遠流)출판주식회사, 1994, 37-38쪽.

가 아니다. 그것이 반영한 것도 현실 세계의 일부일 뿐이다. 현실 세계와 기구 도상 간에 긴장 관계를 만드는 것은 바로 기구이다. 작가는 '마치' 그 속에(이를테면 촬영사, 사진사 등 기기를 사용하여 도상을 구축하는 사람) 있는 듯하다. '관찰'과 '도상' 간에는 일종의 미묘한 도상 관계식이 만들어진다. 도상은 사람과 세계 간에 걸쳐 있다. 물론 도상을 구체적으로 구축하기 전에 양자 사이에서 도상의 척도를 확정해야 한다. 기술적 화면을 뚜렷하게 한다든가 아니면 더욱 자연스럽게 강렬함을 보여주어야한다. 이것은 앞으로의 기구 도상이 설명을 위한 것인지 아니면 상징을위한 것인지에 달려 있다.

사. 현대 도상의 기능

앞선 논의를 통해 우리는 아래 몇 가지를 알 수 있다. ① 현대 도상은 곧 일종의 기구 도상이고, 그것은 외부 세계와 무관하다. ② 현대 도상은 전통 도상에 비해 의미 측면에서 더욱 추상화하였고 상징성도 더욱 강하다.(그것은 추상적이고 상징적인 복합체이지 종합체가 아니다) ③ 현대 도상은 문장 뒤에 만든 부호이고, 그것이 겨냥하는 것은 항상 글이다. ④ 현대 도상이 이 세계를 설명하거나 상징하는 것은 우리에게 일종의 새로운 상상력을 제공한다. 즉 글의 개념을 도상의 능력으로 전환한다.

현대 도상의 기능은 바로 2차원의 상상력을 빌어 개념화된 것을 대체함으로써 관찰자들의 개념에 대한 사고의 필요성을 없애 주었다. 도상은 그 자체로 글을 대체한 것이다.

1. 선형성 서사(書寫)와 현대 도상

빌렘 플루세르는 기원전 2천여 년 전에 발명한 선형성 글은 전통 도상의 신화를 풀기 위한 것이라고 주장한다. 비록 글의 발명자가 이러한 작용을 의식하지 못할 수도 있지만 말이다. 촬영 기술이란 이 최초의 기술적 도상 제작 프로세스는 19세기 중기에 발명되었다. 촬영 기술의 발명과 선형성 서사의 발명은 모두 결정적인 역사의 전환점이다. 문자 서사 기술이 생겨난 후 역사는 우상 숭배에 저항하는 투쟁을 시작하였다. 마찬가지로 촬영 기술을 사용한 후 '포스트 역사(post history) 시대'와 글에 대한 숭배 간의 투쟁이 시작되었다. 글의 본래 목적은 숭배를 저항하고 숭배를 없애며 도상의 신화성을 배제함으로써 더욱 많은 사람이 도상을 알아볼 수 있게 하기 위한 데에 있다. 그런데 후에 와서 글의 신화성이 갈수록 커졌고, 그 결과 현재의 글에 대한 숭배(학술계에서는 학술 논문 발표량의 많고 적음에 따라 영웅을 논하는데 이는 글에 대한 숭배 사상이 성행하고 있음을 충분히 설명한다) 분위기를 형성하였다. 촬영술(특히 영화, 텔레비전, 디지털 영상 매체의 출현)이 발명된 후, 그것의 본래 뜻은 글에 대한 숭배를 해소하는 데에 있었다. 그런데 지금 현대 도상의 능력은 갈수록 커져 갔다. 비록 글에 일종의 도상적인 측면의 의미를 부여하였지만, 그 자체도 현대의 복잡한 신화를 드러내고 있다.

유럽 대륙에서 중세 암흑기가 끝난 후 사람들은 르네상스 운동을 일으켰다. 오랜 시일 동안 진행한 이 운동으로, 사람들은 한 차례 큰 사상적 해방을 가져왔고 사회 생산력도 크게 향상하였다. 과학기술은 정말로 크게 발전하였는데, 19세기에 와서는정점을 찍었다.. 이를테면 인쇄술의 광범위한 사용, 촬영술의 발명, 철도와 전기의 발명과 상용, 국민 의무 교육의 시행 등등이다. 요컨대 산업혁명은 사람들에게 막대한 복지를 제공하였다. 빌렘 플루세르는 개개인 모두 이 서사 도구를 익히면 반드시 필연적으로 역사 지식이 보급될 것으로 생각하였다. 글 자체가 바로 역사 지식을 만들었고, 이러한 역사 의식은 마법처럼 당시의 농업사회 속에 녹아 들어갔다. 인구의 절대다수를 차지하는 농민들은 역사 속에서 어느 정도 지위를 차지하였고, 하나의 계층-무산계급이 되었다. 농민들이 하나의 계급이 될 수 있는 것은 당시의 많은 대중적인 글과도 관련된다. 여기서 말하는 이른바 대중이란 귀족에 상대적인 호칭이다. 대중의 글이란, 이를테면 책자, 신문, 소책자 등등이다. 각각의 대중적인 글은 대중의 역사의식을 필연적으로 만들었고, 마찬가지로 대중의 개념적 사고를 유발하게 된다. 그 결과 서로 반대되는 두 가지 발전 결과를 낳았다. 하나는 전통 도상이 범람하는 글을 피해 미술관, 예술 살롱, 갤러리 등 엘리트 범주로 진입함으로써 일반 대중들의 해독을 피한 것이다. 물론 이 때문에 대중의 일상생활에 미치는 영향도 잃게 되었다. 다른 하나는 엘리트적 글이 나타난 점이다. 이러한 글들은 대중의 개념적 사고를 하는 문장력에는 미치지 못한다. 저렴한 글은 하나하나 모든 것을 말하였고, 일만 생기면 말하였다. 이를테면 신문에 있는 글이 대부분 이런 것들이다. 그러나 엘리트들의 글은 달랐다. 그것은 전문 엘리트 계층에 속하는 일부 사람들이 발표하고 좋아하는 분야의 것이었다. 바로 지금처럼 대중들이 좋아하는 작가는 보통 학술계에서는 환영받지 못한다. 그런데 이른바 학술계 전문가의 글은 독자가 매우 적고, 보통 일류 간행물, 핵심 간행물일수록 독자들이 더 적다. 물론 엘리트(전문가, 학자)들은 모두 자신의 이익(학술)을 잘 안다. 그들은 글을 이용하고 학술지라는 장을 이용하여 정당하고 뻔뻔하게 대중들의 이익을 앗아 간다. 그리하여 흔히 소집단에 더욱 유리하고 소위 학술적 변명을 할 수 있는 게임(원고 선택 기준) 규칙을 만들어 낸다. 이러한 게임 규칙은 많은 사람이 쉽게 알기는 어렵다. 일단 규칙에 들어가면 규칙을 폐쇄적으로 운영하기 시작한다. 그리하여 규칙은 은폐되고 다른 사람이 모를수록 '학술 가치'가 더 있는 것처럼 보인다.

2. 문명의 방식

전통 도상이 대중을 멀리하고 엘리트의 글이 대중을 멀리하며, 대중들도 귀족의 사고 개념과 귀족의 행위를 철저하게 거부한 후, 사회 문명은 세 가지 방식으로 분열한다.

(1) 미술. 미술(fine arts)은 개념이 풍부한 전통 도상의 자양분으로 바탕으로 자라난 예술이다. 과거에도 그렇고 지금도 여전히 그렇다. 현대 도상의 범람으로 이러한 미술 양식도 변화하고 있으며 개념화 추세도 갈수록 강해지고 있다.

(2) 과학과 기술. 과학과 기술은 엘리트의 글을 자양분으로 하여 자랐다. 과학과 기술은 긴밀한 혈연관계를 맺고 있지만 양자는 본질적으로 구분된다. 과학기술은 과학이 아니고 기술도 아닌 그저 하나의 호칭일 뿐이다.

(3) 대중. 대중은 바로 그러한 보급된 글의 영향을 받아 커나갔다. 글의 보급이 없었다면 대중 문명도 없었을 것이다. 모든 민족의 소양을 향상하려면 대중의 수단과 방식을 사용해야 하고 그 무슨 우아한 예술을 보급해서는 안 된다. 어떤 의미에서 예술은 당연히 대중적이다.

현대 기구 도상의 발명은 문명이 이 세 갈래 틈 사이에서 사분오열되는 것을 방지하기 위한 것이다. 그것의 의도는 전체 사회에 모두 적용되는 일종의 통용 코드가 되는 것이다. 이 역시 현대 도상의 진정한 기능이다.

현대 도상의 본래 의도는 ① 도상을 다시 일상생활로 끌어들이고, ② 엘리트의 글을 상상할 수 있는 것으로 번역 소개하며, ③ 대중적인 글 가운데서 숭고한 신화를 눈에 보이는 것으로 번역 소개하는 것이다.[16] 현대 도상은 일반 사람들이 수용할 수 있는 가치 의미의 예술, 정치, 과학에 하나의 공통 분모를 찾으려고 한 것이다. 그것은 원래 동시에 '진(眞)', '선(善)', '미(美)'(true, good, beautiful)를 대변해야 한다. 이것은 광범위하게 적용되는 일종의 문명, 예술, 과학과 정치 위기를 극복할 수 있는 부호이다. 현대 도상이 이 점을 이루어냈는가? 지금 보면, 현대 도상이 일부는 이루었지만, 아직 많은 부분은 이루지 못하고 있다. 심지어 그런 방식대로 자신의 기능을 못하고 있기도 하다.

마. 현대 도상의 복제

인류가 산업사회로 들어선 후에 기구 도상이 생겨났다. 기구 도상은 본래 예술, 정치, 과학의 공통 분모를 찾아내어 사회를 안정시키려고 하였다. 그러나 생각지도 못한 것은 복제할 수 있는 기구 도상의 특징은 그것이 찾으려는 공분모가 갈수록 커지게 했다.

---

16 Vilém Flusser(체코), *Towards a Philosophy of Photography*, 이문길(李文吉) 역, 타이베이: 원류(遠流)출판주식회사, 1994, 39쪽.

1. 원인 분석

복제할 수 있는 기구 도상의 특징이 왜 예술, 정치, 과학의 문명적 공통 분모를 갈수록 커지게 했나? 분석해 보면 아래 몇 가지 원인이 있다.

(1) 현대 도상은 전통 도상을 다시 일상생활에 끌어들이지 못했다. 바꾸어 말해서 현대 도상은 전통 도상을 끌어들일 힘이 없었다. 그것은 복제품으로 전통 도상을 대체할 뿐이었다. 다시 말해서 현대 도상은 자신을 전통 도상의 자리에 놓은 것이다.

(2) 현대 도상은 엘리트의 글을 도상으로 번역 소개하지 못하였다. 다시 말해서 기구 도상이 해독한 글이 더 직관적이고 직접적이었다. 그것은 심지어 은둔형 글을 왜곡하고 과학적 성질의 명제와 방정식을 정경(情境)으로 번역하여 놓았다. 다시 말해 그것은 과학적 성질의 명제와 방정식을 완전히 도상으로 번역하였다.

(3) 현대 도상은 대중적인 글 속의 평생 함께했던 미약한 신화를 눈으로 볼 수 있는 것으로 번역 소개하였다. 은둔자 같은 글에 비해 대중적인 글 속의 것은 그래도 기구 도상이 번역 소개하는 데에 유리하다. 아쉬운 점은 훌륭하게 표현하지 못하고 오히려 일종의 새로운 신화 형식으로 대중의 글 속 흔치 않은 신화로 대체하고 말았다. 즉 일종의 매우 도식화한 신화를 만들어 내었다.

현대 도상은 이제 다시 문명을 단결하는 공통 분모를 구축할 능력이 없다. 반대로 그것은 사회의 문명을 조직이 없는 대중으로 갈아 부수어 대중 문명의 부서진 조각을 만들고 말았다.

2. 복제

발터·벤야민은 일찍 '원칙적으로 예술 작품은 지금까지 모두 복제할 수 있다. 대체로 사람이 만들어 낼 수 있는 것은 다른 사람도 모두 다시 만들어 낼 수 있다.'라고 말했다. 사실 인류사회는 복제 기술, 기술적 복제를 하면서 발전해 왔다. 기구 도상의 복제 기술과 그전의 복제 기술은 본질적으로 차이가 난다. 이에 앞서 사람들은 두 가지 복제 기술을 알아냈다. 즉 주조와 압인 가공 금형이다. 그들은 그렇게 청동기, 도기와 화폐를 만들었다. 사람들은 목각 기술을 익힌 후에 소묘 작품을 복제할 수 있었다. 사람들이 인쇄술(일종의 글 복제 기술)을 익히자 곧 문학이 나타났다. 사람들이 석판 복제 기술을 익힌 후 도상 예술품은 대량으로 시장에 유입되었다. 목각과 석판의 출현은 글만 싣는 신문에도 도상 뉴스를 실을 수 있게 되었다.

사회생활 내용과 예술형식을 복제하는 가장 중요한 기술은 촬영이다. '촬영 기술이 발명된 후 유사 이래 처음으로 인류는 다시는 수작업으로 도상을 복제하는 중요한 예술적 임무에 참여하지 않아도 되었다. 이때부터 이 임무는 렌즈 앞에 놓인 눈으로 완성하도록 하였다.'[17] 이뿐만이 아니었다. 어느 날 그것은 바로 Paul Van Lehose가 묘사한 복제의 아름다운 정경과 같이 우리들은 편리하게 수돗물과 전기를 사용하듯이 '음성 영상의 공급'을 얻을 수 있다. 지금 복제 도상의 예술 수준과 도상 복제의 기술 능력은 모두 상당한 수준에 이르렀다. 영상은 정말 일상생활의 꼭 필요한 편리한 공산품이 되었다.

---

17   발터·벤야민, 『迎向靈光消逝的年代』, 허기령(許綺玲) 역, 타이베이: 대만촬영공작실, 1998, 61쪽.

현대 도상 기술은 전통 도상이 대량으로 복제될 수 있게 했다. 이러한 복제 작품은 원작에 의존하지 않고도 존재한다. 이를테면 인물 촬영, 풍경 촬영은 이미 하나의 독립적인 예술형식이 되었다. 더욱 중요한 것은 복제품이 원작이 영원히 닿을 수 없는 곳까지 전파되어 간다는 것이다. 이를테면 직접 루브르미술관에 들어가 「모나리자」[18]([그림14])의 유채화 원작을 본 사람은 매우 적지만 「모나리자」 이 도상을 알거나 그것을 보았다는 사람은 매우 많다. 그러나 복제품은 전시하는 곳이 다름으로 하여 원작과 다른 심지어 완전히 반대되는 의미를 만들었다. 도상 복제품이 대량으로 범람하는 시대에 사람들은 발터·벤야민의 일깨움을 잊지 말아야 한다. "호메로스의 시대에 사람들은 올림피아 산정의 제신에게 공연을 헌상한다. 그런데 오늘날 사람들은 자신을 위해 공연을 한다. 개인 자신은 매우 멀고 낯설게 변했다. 너무도 낯설어 자신의 훼멸을 경험하고 마침내 자신의 훼멸을 최고의 미적 향수로 느낀다."[19]

---

18 레오나르도 다빈치의 작품인 「모나리자」는 또 「라 조콘다」라고도 한다. 대략 1509-
    1506년 사이에 완성되었다. 유채 패널화로 크기는 세로 77cm, 가로 55cm이다. 모
    든 화가, 작가 혹은 이론가들은 모두 피렌체 윤곽 모호파의 대가 레오나르도 다빈
    치의 출중한 예술 조예에 끌렸다. 그는 공기를 흐르고 윤택이 나게 그려 대기로 하
    여금 신기하고도 기이한 효과를 거두었다. 인체 혹은 물체의 윤곽의 선이 빛과 그
    림자의 상호 작용하에서 점차 녹아들어 주변의 풍경과 일체를 이루었다. 이 모든
    것은 모두 「모나리자」(비단을 걸치고 상장을 단 한 부녀자의 초상)란 걸출한 작품에 응집
    되었다. 또한 어렴풋한 배경의 안받침 하에서 불후의 인물 묘사에서 구현된다. (책
    『LOUVER』참조. 프랑스 Art Lys출판사, 베르사유, 1997년.)
19 발터·벤야민(독), 『迎向靈光消逝的年代』, 허기령(許綺玲) 역, 타이베이: 대만촬영공
    작실, 1998, 102쪽.

[그림63] 「모나리자」, 또는 「라 조콘다」라고도 함. 레오나르도 다빈치, 1503-1506년 완성 유채 패널화로 크기는 세로 77cm, 가로 55cm. 현 프랑스 루브르미술관 데농윙 2층 제6전시관에 소장.

과학적인 글은 일단 현대 도상 속에 주입되면 곧 코드로 전환되어 신화적 특성을 획득하게 된다. 기구 도상이 대략 두 세기 동안 과학에 준 영향은 어마어마하다. 측정할 수 없는 우주로부터 무한히 작은 물체에 이르기까지 세계의 모든 것이 그 시야로 들어왔다. 현대 과학은 자신의 모든 것을 도상으로 돌리는 듯하다. 비록 현대 도상도 자신의 많은 공로를 과학으로 돌리지만 말이다.

대중적인 글(이를테면 신문, 소책자, 소설 등 대중의 문장)이 기구 도상 속으로 홍수처럼 흘러들 때 사람들은 그것이 선천적으로 가지고 있는 이데올로기와 신화적 능력이 벌써 도식화한 신화로 전환하였음을 발견하였다. 그런데 이러한 신화는 바로 기구 도상 자체가 가지고 있는 독특한 개성(이를테면, 신문 사진, 영화 다큐멘터리, 픽션 영화, TV 뉴스, MTV, 광고 사진, 디지털 합성 영상 등)이다. 현대 도상은 영원히 돌고 도는 하나의 사회적 추억을 구축하였다. 이렇게 되풀이되는 기억 속에서 사람들은 이미 현대 도상의 일부가 되었다.

3. 대중문화로서의 도상

도상의 예술형식 측면에서 도상을 고찰할 때, 흔히 자신이 일련의 전시 공간과 도서 인쇄판의 표면으로 범위가 정해져 있음을 우리는 발견하게 된다. 그러나 도상은 일종의 대중문화로 사실상 이미 인류 사회 생활의 모든 부분에 녹아들었다. 현대 사회환경에서 그 누구도 현대 도상의 영향에서 벗어날 수 없다. 촬영 사진, 신문의 사진 뉴스, 과학 서적의 도상 해설과 영화 스토리의 유혹, 텔레비전 도상의 가정 진입, 천지를 뒤덮는 광고 사진, 컴퓨터의 도상 화면 등은 이미 우리 생활의 일부가 되었다. 우리의 문화가 처음으로 현대 도상의 화면을 보고 그것이 흠잡을 데 없는 광학 현실의 시각적 복제라고 인정할 때 이러한 매체의 물리적 가능성을 확대하려는 충동이 생겨난다. 디지털 영상의 일상적 사용 방법은 이러한 충동을 더욱 가속화 한다. 현대 도상은 대중문화로 자체적인 독특한 매력을 가지고 있다. 그것이야말로 이러한 매체 발전의 진정한 동력이다.

현대 도상이 대중문화가 되는 환원 요소는 사회발전의 수요다. 군사, 과학, 사법, 고고학 및 생산, 원동력과 인류 관계 영역에서 기구 도상은 복원하는 결정적 루트로 인정받는다. 그것은 아래에서 논의하는 절대적 한도에 대한 진정한 추구를 제시하였다.

표현의 정확성과 직접성 측면에서의 절대적 한도(촬영물
과 도상 간 시각 착각의 동일성).

시간 장악 측면의 절대적 한도(영구적으로 기록해 남긴 순간의
사물들).

세계 지도 제작 측면에서의 절대적 한도(도상으로 '전 세계'
를 재현).

도상을 통해 홍보하고 보급한 결과 사람마다 평등에서의
민주적인 절대 한도.[20]

현대 도상은 소용돌이처럼 사람들을 끌어 들이고 있고 누구도 그것
을 거부할 수 없으며 누구도 거기서 자유로울 수 없다. 도상 기술의 빠
르고 힘 있는 발전으로 도상이 인류사회에 주는 영향도 갈수록 커지고
넓어졌다. 그것은 인류 생활의 각 영역, 모든 부분에 이미 스며들었기
때문이다. 천문에서 지리까지, 예술에서 과학까지, 고고학에서 산업까
지, 거시적인 것에서 미시적인 것에 이르기까지 없는 곳이 없고 못 하
는 것이 없다. 도상 문화는 이미 없어서는 안 되는 사회 생산력이 되었
고 사람들의 창조적인 활동 형식이 되었다. 도상 문화의 힘은 사회의
변화와 혁신을 추진하는 도구다. 전 세계를 보면, 도상은 각각 방식으
로 서로 다른 문화 속으로 녹아들었다. 그것은 유형적이고 무형적인 사
회 변혁을 가져왔다.

도상 문화는 하나의 대중 문명을 육성하였다.

---

20   한충야오, 『촬영론』, 베이징: 해방군출판사, 1997, 11쪽.

맺는말

도상이란 단어는 정갈하고 단순하여 의미를 이해하기 쉽다. 그러나 전문가와 학자들이 '정치적 입장에서 교조적'으로 학술적 연구를 진행한 결과 도상의 문제는 더 이상 간단하지 않게 되었다. 기호도 있고 기표도 있으며, 명료한 뜻도 있고 함축된 뜻도 있다. 서구의 기교가 있는가 하면 동방의 지혜도 있다. 역사적으로 많이 축적되기도 하고 또 현실적으로 고심하는 부분도 있다. 각종 이론적 관점, 연구 경로, 학술적 유파, 대표적 인물들이 도상에 쏟아부은 비범한 노력과 학술적 열의는 사람들의 존경을 자아내었다. 그들의 도상학 연구에서 거둔 학술적 성취와 풍성한 성과는 후세 사람들이 도상에 대하여 더욱 깊이 있고 세밀한 연구를 할 수 있도록 넓은 공간을 펼쳐 주었다.

이 글의 도상 및 도상학에 관한 연구는 약간의 역사적 회고와 현실적 관심을 표했을 뿐이다. 전면적인 소개도 하지 않았고 또 깊이 있는 탐구도 하지 않았다. 다만 중국 도상 전파사 연구와 직접 관련된 내용에 대하여 전략적인 선택을 하고 표면적인 소개를 했을 따름이다. 물론 더욱 경제적인 생각으로, 하나는 본 연구의 현실적 수요를 고려하였고 다른 하나는 필자의 학술 능력이 확실히 아직 높은 수준에 도달하지 못하였다는 점이다. 그렇지만 독자들은 이 글을 통해 국내외 도상학 연구의 많은 학술적 저서와 논문을 통해 도상학 연구 현황을 이해하고 오늘날 사회에서 도상 문화가 활발하게 발전하는 추세를 느낄 수 있을 것이다.

도상 문화 전파에 관한 연구는 전문적인 학술 연구이기도 하고, 대중문화의 기초 지식이기도 하다. 그것이 오늘날 사회에서 차지하는 위치는 의심할 나위가 없다. 도상 문화 전파가 활발하게 이루어지는 오늘날 사람들의 도상에 대한 인지 수준은 인류사회의 물질문명, 정신문명과 정치문명 형태를 결정한다. 그것은 과학 발전, 기술 진보, 자원 배치, 경제 건설, 문화 건설, 사회 문명 등의 분야에서 중요한 역할을 한다. '도상 문화 전파' 연구의 궁극적 취지는 바로 '도상'의 시각적 인상에 대한 인지를 통하여 한 시대의 복잡한 문화 영역을 관통하여 이해하는 데에 있다.

(이 글은 전파론의 관점에서 도상 매체 및 도상학 연구에 대하여 비교적 체계적이고 종합적 논의를 하였다. 이 글의 관점과 논의 중 일부는 이미 공식 출판된 여러 간행물에 발표된 내용이다. 국내외 많은 전문가나 학자의 연구 성과를 인용하였는데 여기서 특별히 감사의 마음을 전한다.)

참고문헌

1. 李泽厚, 美的历程[M], 合肥: 安徽文艺出版社, 1994.

2. 徐小蛮, 王福康, 中国古代插图史[M], 上海: 上海古籍出版社, 2007.

3. 杨治良, 实验心理学[M], 杭州: 浙江教育出版社, 1998.

4. 陈怀恩, 图像学——视觉艺术的意义与解释[M], 台北: 如果出版社, 2008.

5. 余秋雨, 艺术创造工程[M], 台北: 允晨文化实业股份有限公司, 2000.

6. 郑岩, 汪悦进, 庵上坊: 口述, 文字和图像[M], 北京: 生活·读书·新知三联书店, 2008.

7. 张翀, 中华图像文化史, 先秦卷[M], 北京: 中国摄影出版社. 2016.

8. 武利华, 中华图像文化史, 秦汉卷[M], 北京: 中国摄影出版社. 2016.

9. 姚义斌, 中华图像文化史, 魏晋南北朝卷[M], 北京: 中国摄影出版社. 2016.

10. 邵晓峰, 中华图像文化史, 宋代卷[M], 北京: 中国摄影出版社. 2016.

11. 陈兆复, 中华图像文化史, 原始卷[M], 北京: 中国摄影出版社. 2017.

12. 何星亮, 中华图像文化史, 图腾卷[M], 北京: 中国摄影出版社. 2017.

13. 于向东, 中华图像文化史, 佛教图像卷[M], 北京: 中国摄影出版社. 2017.

14. 韩丛耀, 摄影论[M], 北京: 北京: 解放军出版社, 1997.

15. 韩丛耀, 图像传播学[M], 台北: 威士曼文化事业股份有限公司, 2005.

16. 韩丛耀, 图像: 一种后符号学的再发现[M], 南京: 南京大学出版社, 2008.

17. [美] E·潘诺夫斯基著, 傅志强译, 视觉艺术的含义[M], 沈阳: 辽宁人民出版社, 1987.

18. [美] E·潘诺夫斯基著, 李元春译, 造型艺术的意义[M], 台北: 远流出版事业股份有限公司, 1996.

19. [美]H. G. 布洛克著, 滕守尧译, 现代艺术哲学[M], 成都: 四川人民出版社, 1998.

20. [美]W·J·T·米歇尔著, 陈永国, 胡文征译, 图像理论[M], 北京: 北京大学出版社, 2006.

21. [美]W·J·T·米歇尔著, 陈永国译, 图像学: 形象, 文本, 意识形态[M], 北京: 北京大学出版社, 2012.

22. [美]鲁道夫·阿恩海姆著, 滕守尧, 朱疆源译, 艺术与视知觉[M], 北京: 中国社会科学出版社, 1984.

23. [美]鲁道夫·阿恩海姆著, 滕守尧译, 视觉思维[M], 北京: 光明日报出版社, 1987.

24. [美]威尔伯·施拉姆著, 游梓翔, 吴韵仪译, 人类传播史[M], 台北: 远流出版事业股份有限公司, 1994.

25. [美]约翰·费斯克著, 张锦华等译, 传播符号学理论[M], 台北: 远流出版事业股份有限公司, 1995.

26. [美]卡特著, 吴泽炎译, 中国印刷术的发明和它的西传[M], 台北: 商务印书馆, 1957.

27. [德]Gotthold Ephraim Lessing著, 朱光潜译, 拉奥孔[M], 北京: 人民文学出版社, 1979.

28. [德]华特·本雅明, 许绮玲译, 迎向灵光消逝的年代, 台北: 台湾摄影工作室, 1998.

29. [英]Robert Layton著, 吴信鸿译, 艺术人类学[M], 台北: 亚太图书出版社, 1995.

30. [英]贡布里希著, 范景中, 杨成凯译, 艺术的故事[M], 北京: 生活·读书·新知三联书店, 1999.

31. [英]马凌诺斯基著, 费孝通译, 文化论[M], 北京: 华夏出版社, 2002.

32. [英]彼得·伯克著, 杨豫译, 图像证史[M], 北京: 北京大学出版社, 2008.

33. [英]柯律格著, 黄晓娟译.明代的图像与视觉性[M].北京: 北京大学出版社, 2011.

34. [英]吉莉恩·萝丝, 王国强译, 视觉研究导论. 台北: 群学出版有限公司, 2006.

35. [日]藤枝晃著, 李运博译.汉字的文化史[M], 北京: 新星出版社, 2005.

36. [奥]弗洛伊德著, 高觉敷译.精神分析引论[M], 北京: 商务印书馆, 1984.

37. [比]J.M.布洛克曼著, 李幼燕译.结构主义: 莫斯科—布拉格—巴黎[M], 北京: 商务印书馆.1980.

38. [瑞士]H·沃尔夫林著, 潘耀昌译.艺术风格学[M], 沈阳: 辽宁人民出版社, 1987.

39. [加] 戴维·克劳利, 保罗·海尔著, 董璐译, 传播的历史: 技术, 文化和社会[M], 北京: 北京大学出版社, 2011.

40. [捷克] 维兰·傅拉瑟著, 李文吉译, 摄影的哲学思考[M]. 台北: 远流出版事业股份有限公司, 1994年.

41. Jacques AUMONT,Michel MARIE. L' Analyse des films[M], PARIS: NATHAN. 2002.

42. Jacques AUMONT, Alain BERGALA, Michel MARIE, Marc VERNET, Esthétique du film[M], NATHAN, 2002.

43. Jaques AUMONT: L'image[M], NATHAN, 2001.

44. John Collier, Jr.Malcolm Collier.Visual Anthropology, [M]. University of New Mexico Press, 1986.

45. Martine JOLY. L'image et les singes: Approche sémiologique de l'image fixe[M], Nathan. 2002.

46. Michel CHION. L'audio-vision[M]. PARIS: NATHAN, 2002.

47. Robert Layton, The Anthropology of Art, Cambridge[M]. Cambridge University Press. 1991.

지은이 | **한충야오**(韓叢耀, Han Congyao)

南京大學校 新聞傳播學院/歷史學院 敎授

中華圖像文化硏究所 所長

현재 중국에서 도상사학, 미디어학, 예술학 등 영역에서 권위자로 활동
하고 있으며 지금까지 150편의 학술 논문을 발표하였다. 저서 52편,
교재 5편을 집필 또는 편찬하였으며 그 중 17편은 영어, 독일어, 일본
어, 한국어로도 번역되면서 세계적인 주목을 받기도 하였다. 중국 국
가사회과학 대형 중점 프로젝트 5건, 국가신문출판서 중점 프로젝트 4
건, 성급 프로젝트 12건, 국제과학연구 프로젝트 2건을 수행하면서 눈
부신 성과를 이뤘다. 중국 내 개인 예술 부분 최고 영예인 '중국촬영황
금상(평론 부문)'을 2년 연속(제8회, 제9회) 수상하였으며 그 외에도 중국
내 대학 과학연구 우수성과 은상 3회(제7회, 제8회, 제9회), 제4기 중화우
수출판도서상, 강소성 철학사회과학 우수성과 금상 등 수상 경력을 갖
고 있으며 2022년에는 중국 대학 평가 기관에서 뽑은 '중국 중대공헌
학자(中国高贡献学者)'에 선정되었다.

옮긴이 | **오성애**(吳聖愛, Wu Shengai)

인하대학교에서 문학박사 학위를 취득하고 현재 中國海洋大學校 한국
어과에서 부교수로 재직 중이다. 역서로는 『韓國的近代轉型(한국의 근대
전환)』, 『이미지로 읽는 고대문명(田野圖像—北緯34°偏北)』 등이 있고, 「조선
족 단체 대화방의 코드 전환과 코드 혼용 양상에 대한 연구」, 「연변 조
선족 자치주 언어경관 연구」 등 다수의 연구 논문을 발표하였다.

중국 도상과학기술 약사
中国图像科学技术简史

초판1쇄 인쇄 2024년 7월 10일
초판1쇄 발행 2024년 7월 22일

지은이   한충야오(韓叢耀)
옮긴이   오성애(吳聖愛)
펴낸이   이대현
편집   이태곤 권분옥 임애정 강윤경
디자인   안혜진 최선주 강보민
마케팅   박태훈 한주영

펴낸곳   도서출판 역락
출판등록   1999년 4월 19일 제303-2002-000014호
주소   서울시 서초구 동광로 46길 6-6 문창빌딩 2층 (우-06589)
전화   02-3409-2060
팩스   02-3409-2059
홈페이지   www.youkrackbooks.com
이메일   youkrack@hanmail.net

ISBN   979-11-6742-851-6 93910

이 역서는 남경대학교 남옹학자 특임교수 장려 기획의 지원을 받아 번역 출판되었음.
(南京大學南雍學者特任敎授獎勵計劃資助飜譯出版)